Unter dem Zirkuszelt
Eine (lustige) Tragödie

Informationen zum Autor:

Der Verfasser Philipp Bieschke ist am 4. November 1988 in Freiburg i. Breisgau auf die Welt gekommen. Gegenwärtig lebt der Autor in der niederbayerischen Stadt Plattling. Bereits im Grundschulalter begann er seine ersten Gedichte zu schreiben. Von der Magie des Films fasziniert, entdeckte er mit zehn Jahren zudem die Passion für Videoaufnahmen, welche er mit der Kamera seines Vaters produzierte. Je länger er sich mit der Materie des Filmens auseinandersetzte, desto pedantischer und professioneller wurde sein Stil. Selbst für kurze Aufnahmen begann er Drehbücher zu schreiben. 2008 wurde sein erster Kurzfilm der Öffentlichkeit vorgestellt. Dieser fand positive Resonanz. Neben des Schreibens und Filmens sind ebenso die Fotografie sowie das Musizieren (Mundharmonika) große Leidenschaften des Autors.
Das Drama „Unter dem Zirkuszelt – Eine (lustige) Tragödie" wurde 2007 verfasst und 2008 veröffentlicht.
Zurzeit schreibt der Autor an einem Drehbuch. Zwei weitere Filmskripte existieren bereits als Grundgerüste. Außerdem verfasst der Autor zu verschiedenen Themen Gedichte.

Dank geht an Martin Huber und Marcus Reinert, die das Manuskript gelesen und ihre Meinung zum Drama geäußert haben.

Philipp Bieschke

Unter dem Zirkuszelt

Eine (lustige) Tragödie

Bibliografische Information der Deutschen Nationalbibliothek

Die Deutsche Nationalbibliothek verzeichnet diese Publikation in der Deutschen Nationalbibliografie; detaillierte bibliografische Daten sind im Internet über http://dnb.d-nb.de abrufbar.

Coverbild: Philipp Bieschke
Herstellung und Verlag: Books on Demand GmbH, Norderstedt
ISBN-13: 9783837062793

Inhaltsverzeichnis:

Figuren (nach deren Erscheinung sortiert):

Sonne *(wird von einer Person dargestellt)*
Mond *(wird ebenso von einer Person gespielt)*
Sanitäter (Jim)
Verwundeter Soldat (Tom)
Funker (Frank)
Stimme / Funker im Hauptquartier *(am anderen Ende der Leitung des Funkers Frank)*
Sergeant / Soldat James Neil
Drei russische Soldaten
Russischer Ranghöherer
„Himmelspförtner" (Philipp)
General Ford W. Fush
Richterin
Oberst Iwan Perruski
Mysteriöse blinde Frau
Russischer Soldat
US-Soldat
Katholischer Priester
Muslimischer Priester
Politiker
Charlize Neil

Bemerkung zu den Regieanweisungen:
Die Regieanweisungen sind natürlich nicht verbindlich. Jeder darf und kann (und soll) das Drama selbst interpretieren.

Akt 1
Prolog
(Figuren: Sonne, Mond)

Die Bühne ist unbeleuchtet, sodass man den Mond nicht sehen kann. Im Hintergrund ist ein schwarzer Vorhang befestigt. Man sieht kleine weiße LEDs in dem Vorhang hervorscheinen. Aus Pappe gemachte Wolken hängen von der

Bühnendecke herab. Der Mond sieht wie folgt aus. Schwarze lange Leggings, schwarzes Oberteil, eine riesige graue Mondsichel um den Kopf des Akteurs geschnallt, barfuß. Das Gesicht bleibt frei und trägt die typisch graue Farbe des Mondes. Gedimmtes weißes Licht strahlt von oben auf den Mond herab. Er steht gelangweilt in der Mitte der Bühne und blickt gähnend ein bisschen umher. Zudem sieht er sporadisch auf seine Armbanduhr.

Sonne *Wehleidig. Hinter der Bühne, daher nicht sichtbar*:
Oh, wieso nur, wieso denn ich? Ich kann nicht mehr.

Mond *Nun völlig wach. Lauscht, woher die Stimme kommt. Geht auf der Bühne umher. Lauscht ins Publikum*

Sonne:
Wieso muss ich mir das immer mitansehen? Ich sollte eigentlich nur Wärme und Licht spenden, aber ich kann das unter solchen Bedingungen einfach nicht mehr.

Mond *Weiter lauschend.*

Sonne:
Ja, da hat es mein lieber Freund, der Mond, viel leichter. Wie ich ihn beneide.

Mond *Weiß nun, wer spricht und fragt überraschend*:
Sonne, bist du es? Du musst es sein. Es ist deine Stimme. Ich erkenne sie. Wo bist du denn?

Sonne *Erscheint auf der Bühne, mit derselben Kleidung, wie der Mond, nur in gelber Farbe. Ein riesiges Abbild der Sonne ist um den Kopf des Schauspielers geschnallt. Dessen Gesicht ist blass. Tiefe und große Augenringe zieren es zudem. Eine brennende Zigarette im Mund. Eine Whiskeyflasche in der Hand. Die Sonne trinkt immer wieder während des Dialogs*:
Krieg, Terror, Amokläufe.

Mond *Entsetzt.*:
Was machst du hier? Du solltest jetzt nicht hier sein. Du solltest woanders sein. Los, verschwinde. Bevor das hier noch jemand bemerkt. Wir kriegen sonst großen Ärger.

Sonne *Hört dem Mond nicht zu. Geht apathisch umher.*:

Armut, Hungersnot, Kindertod.

Mond *Steht nur fassungslos dort und sieht der Sonne zu.*:
Was ist nur los mit dir? Was soll das alles?

Sonne:
Unterdrückung, Umweltverschmutzung, Vergewaltigungen.

Mond:
Von was sprichst du nur? Rede doch verständlich. Ich verstehe dich nicht.

Sonne:
Mord, Selbstmordanschläge, Rassismus.

Mond *Packt die Hand der Sonne.*:
Sonne, beruhig dich doch. Es ist alles in Ordnung.

Sonne *Keine Reaktion. Redet verwirrt weiter.*:
Kindesmissbrauch, Atom-Tests, verstümmelte Leichen, abgetrennte Gliedmaßen, trauernde Eltern, Hass. Es ist gar nichts in Ordnung! Verstehst du mich? Gar nichts! Es verschlimmert sich alles. Das Leben wird moderner und damit werden die Morde immer brutaler. ABC-Waffen. Lasergesteuerte Raketen. Man sitzt heutzutage nur noch vor einem Schalter. Und mit einem einzigen Drücken auf diesen Schalter zerstört man in Bruchteilen von Sekunden das Leben vieler Menschen.

Mond *Ist mit der Situation völlig überfordert und gibt der Sonne eine Ohrfeige.*

Sonne *Steht nun regungslos da und redet nicht mehr. Fasst sich auf die geschlagene Wange.*

Mond *Ein bisschen verängstigt.*:
Tut mir Leid, aber ich wusste nicht, was ich machen sollte. Normal bist du nicht so. Du warst für mich praktisch ein Fremder. Es hat mir Angst gemacht.

Sonne *Kommt dem Mond näher. Dieser distanziert sich aber ängstlich von der Sonne.*:
Bleib stehen, mein lieber Freund. Ich will dir nichts Schlimmes antun. Du bist doch mein Freund. Du hast das Richtige getan. Ich war völlig von Sinnen. Die Ohrfeige hat mir gut getan. Sonst wäre es wahrscheinlich noch weiter so gegangen.

Mond *Bleibt daraufhin stehen.*:
Ich wusste nicht weiter. Ich. Es tut mir Leid.

Sonne:
Hör auf dich zu entschuldigen. Wenn sich einer entschuldigen muss, dann bin ich es hier. Wie konnte ich mich so verhalten? Was ist nur in mich geraten? Aber ich kann doch nichts dafür.

Kurze Stille

Mond *Behutsam.*:
Was war mit dir bloß los und was machst du nur zu dieser Zeit hier? Du musst woanders Licht und Wärme spenden.

Sonne *Weiß nicht, wo sie anfangen soll.*:
Ich weiß es selbst nicht. *Schnauft durch.* Ich war einfach fertig. Hab dieses Zeug da getrunken. *Zeigt auf die bereits leere Whiskeyflasche.* Und nachdem ich die Flasche ausgeleert habe, wollte ich sie dir eigentlich über den Kopf ziehen. Hör dir das nur an. Und das noch von deinem besten Freund.

Mond *Völlig entsetzt.*:
Was? Was sagst du da? Das von meinem besten Freund zu hören, ist wirklich schrecklich.

Sonne:
Ja, ich weiß. Keine Ahnung, was mich geritten hat. Aber du hast es nachts gut, über den Köpfen der Menschen zu sein. Du musst der Menschheit kein Licht spenden, wie ich. Und aus diesem Grund siehst du nicht, wie sich die Menschen jeden Tag selbst weiter in den Abgrund stürzen. Tagein, tagaus.

Mond:
Und deswegen wolltest du mir die Flasche über den Schädel ziehen? Wie hast du dir es dann weiter vorgestellt? Du hättest auch bei Nacht so stark wie bei Tag geschienen und hättest dann genauso viel erblickt, wie sonst. Dein Plan wäre doch völlig nach hinten losgegangen. Du hättest dann jeden Tag und jede Nacht alles unten mitansehen müssen. Für immer und ewig. Und außerdem hättest du früher oder später das Leben aller Menschen auf dem Gewissen gehabt. Und dann hättest du das gemacht, was du von den Menschen verabscheust: Jemanden töten.

10

Sonne *Sucht nach einer Erklärung.*:
Ich, ich, hätte. Ich habe keine Ahnung. Es ist mir einfach in den Fängen des Alkohols eingefallen. Ich war nicht ich selbst und bin es vermutlich noch immer nicht. *Zum Boden fallend.* Ich ertrage es aber nicht mehr. Ich kann den Menschen nicht mehr zusehen. Es macht mich krank und traurig, wenn ich sehe, welche schlimmen Sachen passieren.

Mond *Mitfühlend.*:
Ich verstehe dich, mein Freund. Aber du bist nicht der Einzige, der diesen Schreckenszirkus dort unten mitansehen muss. Auch ich erlebe mit, was unter uns geschieht. Jede Nacht. Nicht so viel, wie du, aber so viel, dass ich bezweifeln kann, dass die Menschen das Leben lieben. Artilleriebeschuss, riesige Explosionen. Ein Menschenleben gleicht dem Nichts.

Sonne:
Aber wie kannst du das bloß aushalten? Das kann doch niemand.

Mond:
Aber natürlich kann das jemand ertragen. Schau dir die Menschen an. Es passieren zu jeder Stund schreckliche Dinge, aber trotzdem kann die Menschheit damit leben. Ich versuche einfach, wie ein Mensch zu denken, damit ich dort unten alles ertragen kann.

Sonne:
Wenn ich auch nur so denken könnte. Was meinst du? Wie lange wird sich das da unten noch so abspielen?

Mond:
Ich weiß es nicht. Aber so lange sich nichts in den Köpfen ändert, ist es nur eine Frage der Zeit, wann die Menschen unter ihrem eigenen Zirkuszelt begraben werden. Dennoch hoffe ich wirklich, dass irgendwann einmal die vernünftigen Menschen überhand nehmen. Dann können wir beide unsere Arbeit mal angenehm finden. Aber nun geh. Irgendwann wird sich etwas ändern. *Die Sonne verlässt die Bühne.* Zum Positiven. Hoffentlich.

Licht aus.

Akt 2

Eingekesselt

(Figuren: Sanitäter (Jim), verwundeter Soldat (Tom), Funker (Frank), Stimme /
Funker im Hauptquartier *(am anderen Ende der Leitung des Funkers Frank)*,
Sergeant James Neil, drei russische Soldaten, russischer Ranghöherer)

*Die Szene spielt in einem Raum, der wie folgt aussieht. Ein Tisch mit Stühlen.
Verschiedene Unterlagen liegen verstreut auf dem Boden herum. Aufgerissene
Schränke. Es sieht so aus, als hätte man nach wichtigen Dokumenten gesucht. Ein
unordentlicher Zustand. Im Raum ist ein Fenster, welches aber mit Brettern
provisorisch geschlossen wurde. Man kann jedoch durch einen kleinen Spalt nach
draußen schauen. Durch den Spalt strahlt Licht, welches dem Sonnenlicht ähnelt,
hinein. In diesem Raum sind US-Soldaten eingeschlossen. Ein Sanitäter (Jim), ein
verwundeter Soldat (Tom), der vom Sanitäter behandelt wird, ein Funker (Frank)
sowie ein Sergeant (James Neil). Die Soldaten sind ziemlich jung. Hysterische
Stimmung liegt in der Luft. Im Hintergrund hört man aus der Gegenwart
stammende typische Kriegsgeräusche, welche aber im Laufe des Akts nachlassen.
Maschinengewehr, Granaten, Geschrei. Sergeant James Neil sitzt apathisch am
Boden und lehnt sich mit dem Rücken an die Wand.*

Sanitäter *Behandelt den schwer verwundeten Soldaten, der hin und wieder kurz,
aber heftig, zittert.*:
Verdammt! Ich kann seine Blutung nicht stoppen. Ich habe einfach nicht die nötigen
Utensilien dabei. Wenn wir nicht so schnell wie möglich Hilfe bekommen, stirbt er.
Es ist nur eine Frage der Zeit, Sergeant. Sarge! Haben Sie mich gehört? *Wendet sich
nun wieder zum Verwundeten, da dieser sehr lange heftig zittert.* Verdammt!

Funker *Kommuniziert über das Funkgerät.*:
Hier spricht Charlie, Oscar, Delta. Bitte kommen. Ich wiederhole: Charlie, Oscar,
Delta. *Der Verwundete schreit auf und daraufhin sagt der Funker zu diesem.* Keine
Sorge, Mann, wir holen dich schon von hier raus. *Wird nun immer lauter, bis er
letztlich schreit.* Wenn nur verdammt noch einmal uns jemand hören würde!

Stimme aus dem Funkgerät:
Hier ist das Hauptquartier. Bitte wiederholen Sie Ihre Kennung und nennen Sie
Ihren jetzigen Status.

Funker *Ein bisschen erlöst.*:
Gott sei Dank. Hier ist Charlie, Oscar, Delta. Wir sind in der Wüste, im Zielgebäude. Aber von Geheimdokumenten keine Spur. Wir sind von Feinden umzingelt und können uns nicht mehr lange im Zielgebäude verbarrikadieren. Wir haben einen Schwerverwundeten, der unbedingt von hier weg muss. Ansonsten stirbt er. Ich bitte um sofortige Unterstützung und Abholung.

Stimme aus dem Funkgerät *Nach einer kurzen Stille.*:
Negativ, Unterstützung und Abholung nicht möglich. Alle Hubschrauber sind in der Luft, um das Primärziel zu suchen.

Funker *Kurze Pause.*:
Bitte um ungefähren Ankunftstermin der Unterstützung.

Stimme *Nach kurzer Zeit.*:
Eine genaue Angabe ist nicht möglich. Primärziel hat höhere Priorität.

Funker *Verärgert.*:
Verdammt noch einmal! Ich dachte, wir wären auf der Suche nach dem Primärziel!

Stimme:
Wir melden uns, sobald Unterstützung möglich ist.

Funker:
Die bringt uns nichts mehr, weil wir dann schon tot sind!

Stimme:
Wenden Sie sich an Ihren nächsthöheren Vorgesetzten.

Funker:
Der sitzt apathisch am Boden. Er ist kaum ansprechbar.

Stimme:
Dann handeln Sie nach eigenem Ermessen. Ende.

Funker:
Wie denn? Wir sitzen in der Falle! Wir sind verdammt noch einmal eingekesselt!
Wirft das Funkgerät weg.

Sanitäter *Versucht den langsam sterbenden Soldaten wiederzubeleben.*:
Los, komm schon. *Beatmet ihn zweimal und fährt danach mit der Herzdruckmassage fort.* Verdammt noch einmal, komm schon! *Der Sanitäter verliert die Kraft und Hoffnung. Danach gibt er das Wiederbeleben auf und schließt dem Soldaten die Augen. Kurze Zeit später nimmt er ein Schriftstück aus der Brusttasche des Toten.* Ich werde den Brief deiner Familie geben. Wie ich es dir versprochen habe.

Funker *Hat sich bereits eine Zigarette angesteckt und fängt plötzlich zu lachen an. Man sieht ihm an, dass er nervös ist.*:
„Ich werden den Brief deiner Familie geben". Das ist ja das Komischste, das ich seit langem gehört habe.

Sanitäter:
Wenigstens habe ich noch Hoffnung, dass wir von hier weg kommen. Nicht so wie du, anscheinend.

Funker *Geht zum Sanitäter.*:
Hoffnung? Also ich habe sicherlich nichts gegen Hoffnung, aber ich kann für uns hier keine Hoffnung finden! Vielleicht liegt sie unter dem Teppich. Ach, Moment. Hier gibt es ja keinen Teppich. Ich weiß ja nicht, ob du mein spannendes Gespräch mit dem Hauptquartier verfolgt hast, aber wir kriegen keine Unterstützung. Das Hauptquartier möchte sich anscheinend nicht die Hände schmutzig machen oder so. Aber wir sind offensichtlich nicht wichtig genug, um gerettet zu werden. Wahrscheinlich weil es hier keine Geheimdokumente gibt und nun alle verdammten Hubschrauber in der Luft sind, um ein anderes, neues Primärziel zu suchen.

Sanitäter:
Wir hätten Hoffnung gehabt, wenn du nicht gesagt hättest, dass hier keine Dokumente sind. Wieso für das Weiterleben nicht einmal lügen? Wieso nicht? Du hättest einfach nur sagen müssen, dass wir die verdammten Dokumente hätten und wir wären abgeholt worden. Wahrscheinlich noch mit einem Duzend an Kampfhubschraubern, die uns die Typen da draußen vom Hals geschafft hätten.

Funker:
Oh, und das muss ich mir von einem anhören, der das Lügen und selbst das Notlügen strengstens verneint, da er das mit seinem Gewissen nicht vereinbaren kann. *Schnauft tief durch und macht kurz eine Pause.* Aber das ist nicht der richtige Zeitpunkt dafür. In meinen letzten Minuten will ich mich nicht wegen so etwas

streiten.

Sanitäter *Beruhigt sich auch.*:
Ja, du hast Recht. Wir sollten uns lieber um den Sarge kümmern. *Beide gehen auf Sergeant James Neil zu. Der Sanitäter kniet sich hin, um auf Augenhöhe mit Neil zu sein.*

Funker:
Was ist mit ihm los?

Sanitäter:
Anscheinend ist er, wie soll ich sagen, in einen apathischen Zustand gefallen. Das alles hat ihn offensichtlich ziemlich mitgenommen. Aber, dass ausgerechnet er psychisch am Boden ist, hätte ich nie gedacht. Er war ja der Erste, der sich für diese Spezialmission gemeldet hat und außerdem kennen wir ihn schon seit längerem. Normal war er im Einsatz immer voll dabei und hat jederzeit einen kühlen Kopf bewahrt.

Funker:
Und, was sollen wir mit ihm machen? *Schaut aus dem Spalt am Fenster nach draußen.* Ach du Scheiße. Die wollen anscheinend den Eingang sprengen, damit sie uns kriegen. Ich weiß nicht, wie lange meine Falle die Typen zurückhalten kann. Wenigstens ist die Eingangstüre aus stabilem Stahl. Ich habe sie außerdem noch zugeschweißt, nachdem wir drinnen waren. Die müssen also erst einmal das richtige Sprengmittel finden.

Sanitäter:
Moment mal. Welche Falle?

Funker:
Nichts Besonderes. Tränengas. Das sollte sie dann wenigstens für ein paar Minuten im Schach halten, aber eigentlich ist es nun eh egal. *Nachdenklich.* Vergiss es. Was sollen wir mit dem Sarge machen? Kannst du ihn wieder in das Geschehen zurückholen, irgendwie?

Sanitäter:
Ja, natürlich, wenn er nicht völlig weg ist. *Packt Neil.* Hey, Sarge, hey, können Sie mich hören? *Schüttelt und dies zeigt Wirkung.* Hey, ich glaube, er kommt wieder zu sich. Sarge, Sarge, los, Sie müssen wieder zu sich finden.

Sergeant James Neil:
Was ist los? Was ist passiert? *Steht langsam auf und kommt fast ganz zu sich.* Oh mein Gott. *Erblickt den Toten.* Wie ist Tom nur umgekommen?

Funker:
Das wissen Sie nicht mehr?

Sergeant James Neil:
Alles ist so verschwommen. Ich weiß noch, dass wir umzingelt worden sind, aber danach, nichts. Ich kann mich nicht mehr erinnern. Ein komplettes Blackout.

Sanitäter:
Sie waren für eine gewisse Zeit nicht ansprechbar. Haben nur dort an der Wand gesessen. Total apathisch.

Sergeant James Neil:
Ich, ich weiß auch nicht, was mit mir passiert ist.

Funker *Schaut schnell aus dem Spalt am Fenster.*:
Sarge, das ist nun völlig egal. Wir sitzen in der Falle. Es gibt vom Hauptquartier keine Unterstützung. Wir sind auf uns alleine gestellt. Um die Situation noch zu verschlechtern: Wir haben keine Munition mehr. Keine Granaten. Nichts. Alles schon verbraucht. Und draußen bereiten sich die Typen vor, den Eingang zu sprengen, um uns den Gar auszumachen. Die Tränengasfalle wird die nicht lange aufhalten können. Was sollen wir tun. Sarge? Eine Falltür oder etwas Ähnliches konnte ich auch nicht finden.

Sergeant James Neil *Überlegt.*:
Ich weiß es nicht. Es ist eigentlich aussichtslos. Mit was sollen wir uns wehren? Mit den Gewehrkolben? Bevor wir mit den Kolben die da draußen erwischen, haben die uns schon längst erschossen.

Funker *Nervös.*:
Aber irgendwas müssen wir doch tun? Wir können uns doch einfach nicht töten lassen? *Sieht auf den Sarge, aber keine Reaktion von diesem. Stattdessen setzt sich dieser auf den Boden und lehnt sich an die Wand.* Und noch dazu kampflos. *Blickt auf den Sanitäter.*

Sanitäter *Zynisch.*:

Na ja, vielleicht werden sie uns doch nicht umbringen. *Setzt sich zum Sarge.*

Funker *Aufgeregt.*:
Das kann doch nicht wahr sein! Gebt ihr euch mit dem Schicksal einfach so zufrieden? Was ist mit eurem Soldateneid? Was ist mit euch los?

Sanitäter:
Wenn du eine Idee hast, wie wir hier irgendwie noch rauskommen können – möge die Chance auf die Verwirklichung dieser Idee noch so klein sein, dann sag sie uns bitte. *Der Funker überlegt nervös.* Und, was ist?

Funker *Verzweifelt.*:
Scheiße! Dieser verdammte Krieg! Wie konnte ich nur so blöd sein, der Armee beizutreten. Verdammt noch mal. Die ganzen Wichser in der Hauptzentrale lassen einen im Stich. Und diese verdammten Heuchler von Politiker in Washington haben uns erst hierher gebracht.

Sergeant James Neil *Währenddessen zündet sich der Sanitäter eine Zigarette an.*:
Hey, Frank. Ich, wir, wir beide verstehen dich. Uns geht es auch nicht anders. Wir sitzen hier in der Falle. Zusammen. Aber wir sollten uns in den letzten Minuten über andere Themen unterhalten. Themen, die für einen kostbar sind. Wir sollten zusammen über Dinge reden, die uns in den schrecklichen Augenblicken des Krieges geholfen haben, nicht verrückt zu werden. Über Themen reden, die uns die ganze Zeit am Leben erhalten haben. Wir waren ein Team, wir sind es noch. Und als Team hält man zusammen. Lass uns die letzten Momente zusammen verbringen und vielleicht teilen wir jene Gedanke, die uns am Leben gehalten haben.

Funker *Nachdem er überlegt hat.*:
Ja, Sarge, Sie haben Recht.

Sergeant James Neil:
Frank, du kannst mich ruhig James nennen. Wir sind nicht mehr im Einsatz.

Funker :
Ja, okay, Entschuldigung.

Sergeant James Neil *Grinsend.*:
Du musst dich deswegen nicht entschuldigen. Ist ja nicht so, dass wir uns drei erst seit heute kennen. Auf dem Schlachtfeld waren wir füreinander vielleicht Fremde,

aber außerhalb, in der Kaserne, waren wir Freunde und sind es noch immer.

Funker:
Ich bin einfach durch den Wind. Ich meine, ich war noch niemals in so einer Situation. Nichts gegen den Tod unternehmen zu können, der gleich in das Zimmer stürmt.

Sergeant James Neil:
Wie du dich verhältst, ist völlig normal.

Funker:
Wenn es normal wäre, dann müsstet ihr euch genauso verhalten, wie ich.

Sergeant James Neil:
Jeder Mensch ist anders. Aber wir sollten die Zeit nicht damit verschwenden. Komm und setz dich zu uns. *Der Funker Frank gesellt sich zu den Beiden, gleich neben dem Sanitäter, welcher noch immer seine Zigarette raucht.* Hier.

Funker:
Hey Jim, kann ich auch mal?

Sanitäter:
Na klar. *Überreicht Frank die Zigarette. Währenddessen holt James Neil ein Bild hervor und sieht es an.* Hier.

Funker:
Danke, Kumpel. *Zieht leidenschaftlich lang an der Zigarette.*

Sanitäter *Grinsend.*:
Hey, lass mir auch noch was übrig. Das ist nämlich meine Letzte.

Funker *Nachdem er fertig gezogen hat, sieht er sich die Zigarette an.*:
Und ich dachte, dass mich der blaue Dunst ins Grab bringt. *Überreicht dem Sanitäter wieder die Zigarette.*

Sanitäter:
Irren ist menschlich. *Nimmt auch einen kurzen Zug.* James, willst du auch mal?

Sergeant James Neil:

Nein, danke! Ich habe aufgehört.

Sanitäter:
Wann hast du denn aufgehört? Gestern hast du noch eine ganze Schachtel geraucht. Und in unserer jetzigen Situation ist es wohl egal, dass du gerade jetzt mit dem Rauchen aufhörst.

Sergeant James Neil:
Ich habe mich jetzt gerade dafür entschieden, Nichtraucher zu werden. Ich habe diesen Vorsatz schon ewig mit mir herumgeschleppt. Aber es ist einfach komisch, dass ich erst nun diesen Vorsatz in die Tat umsetze. Nachdem ich mir das Bild meiner Familie angesehen habe. Meine Frau hat mich schon seit langem gebeten, mit dem Rauchen aufzuhören.

Sanitäter:
Schon komisch, dass man erst in seinen traurigsten und schlimmsten Stunden realisiert, dass man etwas Falsches gemacht hat. Oder, dass man etwas hätte besser machen sollen. Meistens ist diese Erkenntnis zu spät, sodass man dann gar nichts mehr von ihr hat.

Sergeant James Neil *Nachdenklich.*:
Ja, ist schon seltsam.

Funker:
Wisst ihr, was ich gerade bemerkt habe? Wir haben uns noch nie so richtig über unsere Leben außerhalb der Armee unterhalten. Mit „Außerhalb" meine ich jetzt die Kaserne. Okay, hier und da ist das Wort gefallen, dass man verheiratet oder verlobt ist. Aber ansonsten ist man nie so privat geworden.

Sergeant James Neil:
Merkwürdig. Ist mir auch erst jetzt aufgefallen.

Sanitäter:
Dann erzählt doch mal was. Am besten fängst du gleich an, James.

Sergeant James Neil:
Ganz ehrlich. Ich weiß gar nicht, wo ich beginnen soll. *Kurze Pause.* Also, ich habe eine Frau namens Charlize und zwei Kinder. Die Zwei heißen Jim und Janis. Beide besuchen noch die Vorschule. Hin und wieder sind die zwei am Quengeln, aber so

sind Kinder nun mal. Das schönste Erlebnis, das mich an meine Familie erinnert, war eigentlich, als ich mit meiner Frau und den Kindern im Winter in Colorado für ein paar Tage Urlaub machte. Wir haben eine kleine Hütte im Rocky Mountain National Park gemietet. Und an einem Morgen sind wir extra sehr früh aufgestanden, um den Sonnenaufgang zu sehen. Wir haben davor nicht gedacht, dass er so atemberaubend sein wird. Wir machten uns also auf den Weg, um einen guten Platz zu finden. Meine Frau meinte dann nach kurzer Zeit, eine schöne Stelle gefunden zu haben. Ich teilte mit ihr aber nicht dieselbe Meinung. *Die Anderen schmunzeln.* Aber da sie bei solchen Angelegenheiten immer ins Schwarze getroffen hat, habe ich keinen Widerspruch eingelegt. Wir haben also eine Decke ausgebreitet und auf den Sonnenaufgang gewartet. Und langsam kam er auch. Die Sonne schlich sich langsam hinter den Bergen hervor, die vor uns lagen. Der Horizont und die Bergspitzen wurden langsam von einem rötlichen und warmen Licht erstrahlt. Nun wurde auch nach und nach die Sonne richtig schön sichtbar. Erst ein bisschen und danach immer mehr. Das rote Licht wurde immer stärker und der viele Schnee verstärkte es noch. Das Licht war dennoch nicht so stark, dass man geblendet wurde. Man spürte auf dem Gesicht die erholsame Wärme. Die Luft war so frisch, dass man sich nicht satt riechen konnte. Ich habe mit meiner Familie nur staunend dagesessen. Jeder war von diesem Naturspektakel so fasziniert und wir sind noch eine Weile sitzen geblieben. Ich küsste meine Frau und nahm sie in den Arm. Wir haben danach unsere Kinder an die Hände genommen und sind wieder zu unserer Hütte zurückgegangen. Ab diesem Zeitpunkt dachte ich mir, dass ich niemals von meiner Familie getrennt werde und sie so lange sehe, Zeit mir ihr verbringe und sie lieben kann, bis ich dann mal als alter Greis sterben werde. *Stille bei allen.* Erzählt mir doch auch was von eurem Leben. *Eine Explosion erschüttert den Raum.*

Funker *Stürmt zum Spalt am Fenster.*:
So, wie ich es mir gedacht habe. Sie haben die verdammte Tür gesprengt. Ein paar Typen haben sogar Gasmasken dabei. Die haben vorgesorgt. *Der Sanitäter holt ein Rosenkranz hervor und betet für sich leise das „Vater Unser". James Neil sitzt derweil nur da, aber nicht apathisch.* Wie könnt ihr hier nur so herumsitzen? Mir steht die Angst bis zum Hals. *Hysterisch zu sich selbst.* Ich muss irgendwie meine Angst vertuschen.

Sergeant James Neil:
Wir haben das Thema doch schon besprochen. Was willst du machen?

Funker:
Was ich machen will? Ich werde mich zu wehren versuchen. Auch wenn es mit

Händen und Füßen sein muss. Ich kann einfach nicht kampflos aufgeben. Ich habe einfach nur Angst, auf den Tod zu warten. *Horcht.* Sie sind gleich da. James, Jim, es war schön mit euch. Ich wünschte mir, dass ich euch zwei irgendwo anders getroffen hätte. Nicht auf diesem Schlachtfeld. Macht's gut. Vielleicht treffen wir uns im nächsten Leben. *Der Funker verlässt von einer Seite die Bühne.*

Sergeant James Neil *Als Frank, der Funker, bereits von der Bühne ist. Leise.*: Mach's gut, Frank. *Der Sanitäter ist durch das Beten in eine Art Trance gefallen und bekommt nicht mehr so richtig mit, was los ist. Man hört Franks Stimme:* Kommt her, wenn ihr euch traut! *Darauf folgen Schüsse. James Neil zuckt zusammen und senkt den Kopf. Kurze Stille. Man hört nur leise das „Vater Unser". Danach nimmt man die russischen Stimmen der Feinde wahr, welche immer näher kommen.*

Drei russische Soldaten stürmen mit Waffen in den Händen lautstark die Bühne und umzingeln Sergeant James Neil und Sanitäter Frank. Frank betet weiter und James sitzt neben ihm. Ein russischer Soldat höheren Dienstgrades kommt nun auch dazu. Langsam stolzierend bewegt sich dieser zu den zwei amerikanischen Soldaten hin. Die anderen drei Russen machen dem Ranghöherem sofort Platz, aber ohne die Waffen weg von den US-Soldaten zu richten.

Ranghöherer *Richtet seine Augen sofort auf den Sanitäter, der immer noch betet. Der Ranghöhere redet mit russischem Akzent.*: Hey, du da! Was ist mir dir los? Hey, ich rede mit dir! Antworte gefälligst!

Sergeant James Neil: Er betet. Es wäre nett, wenn Sie ihn in Ruhe lassen.

Ranghöherer: Ich soll ihn in Ruhe lassen? Hm, ich bin mir nicht so sicher. Aber heute bin ich anscheinend mit dem richtigen Fuß aufgestanden. Ich lasse deinen Freund also in Ruhe. Aber dafür musst du mir ein paar Antworten geben.

Sergeant James Neil: Mit dem Feind kooperiere ich nicht.

Ranghöherer: Wer hat da was von Kooperation gesagt? Ich will dir nur ein paar Fragen stellen. Aber es erstaunt mich, dass du trotzdem an deinem Eid hängst, den du von deinen höheren Tieren aufgebrummt bekommen hast. Und genau diese Leute haben dich und dein Team im Stich gelassen. Ja, wir haben euren Funkverkehr abgehört. Und wenn ich mir es so recht überlege, muss ich gar keine Fragen stellen. Durch das Abhören weiß ich nämlich das Wichtigste. Geheimdokumente? Hier? Wie naiv kann denn das Hauptquartier sein? Und objektiv gesehen, hat euch die Hauptzentrale in einen sicheren Tod geschickt. Ja, Tod. Aber anscheinend wisst ihr es eh schon, dass wir euch nicht gebrauchen können. Der Betende hat es mir verraten. *Grinst.* Nun ja, dann gehe ich mal. *Der Ranghöhere verlässt die Bühne. Die drei russischen Soldaten entsichern ihre Waffen, das Bühnenlicht geht aus und man hört nur noch Schüsse.*

Akt 3
An der „Himmelspforte"
(Figuren: Soldat James Neil, „Himmelspförtner" (Philipp), General Ford W. Fush)

Ein weißer Nebel breitet sich aus, der nur den Bühnenboden füllt. Kein Nebel, der aufsteigt. Wolkenimitate, welche am Boden platziert sind, zieren das Bühnenbild. Am rechten Rand ein kleines Podium, an dem ein junger Herr („Himmelspförtner") im schwarzen Anzug steht. Brille, gepflegtes Aussehen, Haare nach hinten gekämmt. Schreibt gerade in einem großen und dicken Buch. In der Mitte der Bühne liegt ein jüngerer Mann in US-Soldatenuniform (James Neil). Blessuren vom Krieg am ganzen Körper. Zerzaustes Haar. Beide werden vom Publikum noch nicht ganz erkannt, da das Bühnenlicht aus ist. Links steht eine weiße Wartebank. Langsam wird das Licht erhellt, bis die Bühne im hellen, weißen Licht erstrahlt, welches aber nicht zu grell ist. Im Hintergrund spielt eine gewisse Zeit von Johann Sebastian Bach das Lied „Air".

Soldat James Neil *Erwacht aus dem Schlaf und steht langsam wieder auf seinen Beinen. Sieht sich um, bis er den „Himmelspförtner" erblickt. Geht langsam auf diesen zu.*:
Wo bin ich nur? *Redet den „Himmelspförtner an, sobald er bei diesem ist.* Hallo, entschuldigen Sie bitte. Könnten Sie mir helfen? Irgendwie weiß ich nicht mehr, was in den letzten Stunden passiert ist.

„Himmelspförtner" *Keine Reaktion. Schreibt unterdessen im Buch weiter.*

22

Soldat James Neil:
Ähm. Hallo? Könnten Sie mir vielleicht sagen, wo ich hier bin?

„Himmelspförtner" *Wiederum keine einzige Reaktion.*

Soldat James Neil:
Ähm, hallo, Entschuldigung?

„Himmelspförtner" *Rollt entnervt die Augen. Hört mit dem Schreiben auf. Gereizt.*:
Ja, was ist denn? Können Sie nicht sehen, dass ich beschäftigt bin? Ich stehe eh schon unter enormen Zeitdruck, weil so viel zu tun ist. Von alleine funktioniert nichts.

Soldat James Neil:
Es tut mir sehr Leid, aber ich würde gerne wissen –

„Himmelspförtner" *Noch immer ein bisschen verärgert.*:
ICH möchte erst einmal etwas wissen, und zwar, wie Ihr Name lautet.

Soldat James Neil *Irritiert.*:
Mein Name? James Neil.

„Himmelspförtner" *Gelassener.*:
James Neil? *Schaut in sein Buch hinein.* Ah, Sie sind ja mein 15:30 Termin. Entschuldigen Sie das Missverständnis, aber zurzeit ist einfach viel zu viel los. Ich muss sogar Überstunden machen.

Soldat James Neil:
Ähm, ja, natürlich. Aber –

„Himmelspförtner":
Aber erst einmal schauen wir, mit wem wir es bei Ihnen zu tun haben. Sonst kann es mit Ihrer Bearbeitung nicht weitergehen.

Soldat James Neil:
Was meinen Sie? Warten Sie mal.

„Himmelspförtner" *Hebt abweisend den Finger hoch und blättert danach in seinem Buch.*:

Ahja, James Neil, hier. Sollte was nicht stimmen, dann melden Sie sich bitte. Also dann. Zuletzt beschäftigt als Soldat, sogar Sergeant in der U.S. Army. Geboren am 11.11.1980 in den USA. Um genauer zu sein in Chicago, Illinois. Ihre Eltern: Marget und John Neil. Beide bereits verstorben. Eine Schwester namens Sarah. Verheiratet mit einer gewissen Charlize. Mit ihr haben Sie zwei Kinder. Jim und Janis. Sie besuchten die Skinner Grundschule. Danach die Kenwood Academy High School. Dann Studium der Psychologie. Aber das Studium haben Sie nicht abgeschlossen, da Sie freiwillig in die Armee gegangen sind. *Grübelt.* Hm, abgebrochenes Studium der Psychologie, damit Sie zur Armee gehen können? Wieso denn, wenn ich fragen darf?

Soldat James Neil *Sucht nach einer Erklärung.*:
Ich wollte meinem Land etwas zurückgeben, nachdem es mir die vielen Jahren so viel gegeben hat. So habe ich mich entschlossen, in die Armee einzutreten und mein Land zu schützen.

„Himmelspförtner" *Spöttisch.*:
Ach, hören Sie doch damit auf. „Ich wollte meinem Land etwas zurückgeben". Wie oft ich das schon gehört habe. Wenn Sie wirklich so eine Einstellung hätten, dann müssten Sie der Natur auch etwas zurückgeben und sie nicht zerstören. Ach, ihr Menschen mit euren banalen Erklärungen. In meiner Laufbahn habe ich so viel gehört. Darüber könnte ich Bücher schreiben. *Im Hintergrund ertönt ein Läuten.* Ach, mein Chef ruft mich. Wenn Sie auf der Bank warten würden. *Möchte hinter die Bühne gehen, wird aber von James Neil aufgehalten.*

Soldat James Neil:
Könnten Sie mir wenigstens sagen, wo ich hier bin? Denn ich kann mich nicht mehr erinnern, was in den letzten Stunden passiert ist.

„Himmelspförtner" *Sieht ungeduldig in die Richtung, aus der das Läuten kam.*:
Na, was denken Sie, wo Sie sind? Ich helfe Ihnen mal auf die Sprünge. Sie waren davor in der Wüste. Können Sie sich erinnern? *Langsam kann sich Soldat James Neil entsinnen.* Inmitten eines Feuergefechts mit Ihren „Feinden". *Stellt die Anführungszeichen mit den Fingern dar.* Die Situation ist eskaliert und Sie und Ihr Team waren hoffnungslos umzingelt. Eine missliche Lage, aus der es keinen Weg hinaus gab und Sie und Ihre ganze Truppe –

Soldat James Neil *Beendet den Satz.*:
Sind umgekommen. *Völlig monoton.* Ich bin tot. Das darf und kann aber nicht wahr

sein. Nicht jetzt. Was sollen nun meine Kinder machen, und vor allem meine Frau? Was soll sie nun tun? Erst jetzt begreife ich, dass der Tod mich von meiner Familie trennt.

„Himmelspförtner":
Tut mir Leid, aber das ist nicht mein Dienstbereich und deswegen weiß ich nicht, was Ihre Frau und Kinder gerade machen. Ich bin nur der „Himmelspförtner". *Stellt die Anführungszeichen mit den Fingern dar.* Ich stehe die meiste Zeit vor meinem Podium und, wie soll ich sagen, begrüße die Neuankömmlinge und überprüfe deren Identität, so, wie ich es bei Ihnen durchgeführt habe. Aber meistens erstaunt es mich, dass Leute, die im Leben keine Angst vor dem Tod hatten, nun erst Angst bekommen, wenn er schon eingetroffen ist. Ist bei Ihnen auch so. Ich habe davor noch schnell in Ihr Leben hineingeblickt. Kurz vor Ihrem Dahinscheiden haben Sie mit Ihrer Truppe auf den Tod gewartet und Sie waren am gelassensten. Gerade wurden Sie kurz ein bisschen hysterisch. Nun ja, aber wie gesagt, ich bin nur der „Himmelspförtner". *Stellt die Anführungszeichen mit den Fingern dar.*

Soldat James Neil:
Warten Sie einmal. Dann müssen Sie doch Petrus, der Himmelspförtner, sein? Und somit bin ich im Himmel. Ich?

„Himmelspförtner" *Lachend.*:
Petrus? Himmel? Was denken Sie, wieso ich so *Deutet mit Fingern Apostrophstriche an.* bei Himmelspförtner gemacht habe? Ich bin gewiss nicht Petrus. Mich nennt man einfach „Himmelspförtner" des hiesigen „Himmels". *Stellt die Anführungszeichen mit den Fingern dar.* Ich bin einer von mehreren Pförtnern. Wir hier oben, gebrauchen die Worte Himmel und Himmelspförtner nur deswegen, weil Ihre Religionen immer von Himmel und Hölle predigen. Wir hätten diesen Ort natürlich auch Hölle nennen können, aber das würde doch nicht in das Konzept Ihrer Hölle passen. Ahja, und bevor Sie vielleicht fragen. Nein, mein Chef, der mich per Läuten gerufen hat, ist auch nicht Gott. Ob es nun doch irgendwo einen Gott gibt, kann ich Ihnen nicht sagen. Wir, hier oben, praktizieren keine Religionen. Vielleicht gibt es deswegen bei uns keine solchen Schandtaten, wie bei Ihnen auf der Erde? Es ist schon heftig, was man da jeden Tag mitbekommt. Aber wenn bei Ihnen wirklich ein Gott existiert, wieso unternimmt er nichts gegen diese Freveltaten? Das habe ich mich schon immer gefragt, aber noch nie eine überzeugende Antwort bekommen. *Es läutet wieder.* Na ja, ist ja nicht meine Angelegenheit, an wen oder was Sie glauben oder was Sie tun beziehungsweise nicht tun. Ich muss aber nun dringend gehen. Mein Chef mag es nicht sonderlich,

wenn ich ihn warten lasse. Wenn ich wieder zurück bin, werde ich mit Ihnen all das besprechen, was auf Sie zukommt. Wenn Sie mich dann bitte entschuldigen würden. *Geht hinter die Bühne.*

Soldat James Neil *Führt nun ein Monolog.*:
Ich bin nun tot. Irgendwo an einem Ort, der weder Himmel noch Hölle ist. Eine Art Abfertigungsstelle für alle, die aus dem Leben geschieden sind. Aber wieso bin ICH nur hier? Das ist eigentlich nicht möglich. Oder gibt es noch andere Abfertigungsstellen? Der Himmelspförtner meinte ja, dass es noch andere Pförtner gibt. Also auch andere Pforten beziehungsweise Abfertigungsstellen. *Setzt sich auf die Bank. Melancholisch.* Charlize, wenn ich noch einmal in deine Augen blicken könnte und deine zarten Lippen berühren könnte. Nur noch einmal. Dafür würde ich alles tun. *Senkt seinen Kopf.*

Kurze Stille

General Ford W. Fush *Älterer Herr mit einer Zigarre im Mund. US-General-Uniform mit vielen Abzeichen. Gepflegtes Äußeres und feste Statur. Nähert sich von hinten Soldat James Neil und erkennt, dass er ein Soldat ist. Weitgehend redet er in einem militaristischen Ton.*:
Soldat!

Soldat James Neil *Erschreckt sich ein bisschen.*:
General Ford W. Fush? Sie auch hier?

General Ford W. Fush *Militaristisch.*:
Mein Junge, nennen Sie mir doch erst einmal Ihren Namen und Ihre Zugehörigkeit. Und nehmen Sie Haltung an.

Soldat James Neil *Irritiert. Nimmt Haltung nicht an.*:
Ähm, Sergeant James Neil, von der Charlie-Kompanie.

General Ford W. Fush *Setzt sich zu James Neil.*:
Charlie-Kompanie, wie? Sie wurden mit Ihrem Team in die Wüste geschickt, um signifikante Dokumente zu finden. Aber anscheinend hat es nicht geklappt, sonst wäre ich wohl noch am Leben. Genauso wie Sie. *Schnauft.* Wir haben Ihnen samt Ihrer Gruppe in höchstem Maß vertraut, aber offensichtlich war unsere Hoffnung umsonst. Eine Blamage.

Soldat James Neil *Verärgert.*:
Blamage? Hoffnung? Wenn Sie Hoffnung oder Angst vor dieser angeblichen
Blamage gehabt hätten, dann hätten Sie und Ihr scheinbar inkompetenter Stab uns
doch nicht in diese verdammte Wüste geschickt. Schon von Anfang an hat es aus
verschiedenen Reihen geheißen, dass dieser Auftrag einem Selbstmord
gleichkommt. Aber das Wort des kleinen Mannes zählt wohl nicht? Außerdem hat
es keine verdammten Geheimdokumente gegeben. Wir haben nichts gefunden. Und
nun wundern Sie sich, dass aus der Mission nichts geworden ist? Das ist absolut
lächerlich.

General Ford W. Fush:
Na, na, na. Vergreifen Sie sich ja nicht im Ton, mein Lieber. Wissen Sie nicht, wer
neben Ihnen sitzt? Für so ein Benehmen, das fast einem Deserteur gleicht, wären
Sie normalerweise vor das Kriegstribunal gekommen, ohne Probleme.

Soldat James Neil *Immer gereizter. Springt auf und sucht Abstand.*:
Doch, ich weiß mit wem ich es zu tun habe, aber wir beide sind jetzt tot und da ist
es mir, ehrlich gesagt, scheißegal, wie ich mit Ihnen rede. Glauben Sie vielleicht,
dass Ihr Rang als General hier oben noch etwas zählt? Hier werden sicherlich alle
gleich behandelt. Sie müssten normal vor das Kriegsgericht, da Sie das Leben
meiner Leute und von mir auf dem Gewissen haben. Sie haben verantwortungslos
diese Mission geleitet. Und was ist? Sie zeigen nicht mal Reue oder fühlen sich in
keinster Weise schuldig. Stattdessen werfen Sie mir Unfähigkeit vor. Dann werfe
ich Ihnen vor, dass Sie anscheinend jeden Soldaten, wie Schachfiguren, benutzten!
Ohne Skrupel erst mal die Bauern in den Tod schicken. Die sind ja nichts wert.

General Ford W. Fush *Steht nun rasch auf. Wirft die Zigarre weg und geht in Rage
auf Soldat James Neil zu.*:
Das ist ja unerhört! Ich verbitte mir diese Behauptung! In meiner langjährigen
Laufbahn ist mir noch nie so ein desertiertes Verhalten vor die Augen gekommen.
Es ist wirklich entsetzlich, dass Sie mal für Ihr Vaterland gekämpft haben. Und dazu
noch als Sergeant. Und außerdem, was geben Sie mir die ganze Schuld? Sie haben
sich freiwillig für die Mission gemeldet. Ich verbitte mir also die Behauptung, dass
ich nicht verantwortungsbewusst die Mission geleitet habe.

Soldat James Neil:
Sie verbitten sich also diese Behauptung? Wieso verbitten Sie sich nicht gleich die
Tatsache, dass durch Ihre Entscheidung, Frauen ihre Männer und Kinder ihre Väter
verloren haben? Es stimmt, dass ich und mein Team uns freiwillig gemeldet haben,

aber wir wussten nicht, dass wir in den Tod hineinrennen. Uns wurde gesagt, dass die Mission sicher sei und fast keinerlei Risiken beherbergt. Wir haben Ihnen vertraut. Sie haben doch nur Schmerz anstatt Frieden über die Familien gebracht.

General Ford W. Fush:
Glauben Sie, dass ich keine Familie hatte? Glauben Sie, dass sich meine Familie nicht nach mir sehnt oder ich mich nach ihr?

Soldat James Neil:
Komisch, aber ich höre es nicht aus Ihrer Stimme heraus. Sie haben immer noch den typisch militanten Ton, als gäbe es hier sogar Feinde.

General Ford W. Fush *Flüsternd.*:
Mein Junge, man kann nirgends sicher sein. Wenn ich etwas in meiner Karriere gelernt habe, dann ist es, dass überall Feinde lauern können.

Soldat James Neil *Lacht.*:
Feinde sagten Sie? Feinde? Also ich weiß ja nicht, ob es Ihnen noch immer nicht klar ist, aber wir sind tot. Wir sind nicht mehr auf der Erde, nicht mehr im Krieg. Wir haben nur noch einen einzigen Feind zu beklagen und das ist der Tod. Aber der ist unbesiegbar.

General Ford W. Fush *Naiv.*:
Na, na, na, niemals die Hoffnung aufgeben. Es gibt keinen unbesiegbaren Feind. Jeder Feind hat eine Schwachstelle. Bei Achilles war es die Ferse. Und der Tod wird sicher auch so eine Stelle haben.

Soldat James Neil *Lacht verzweifelt.*:
Ich kann's nicht verstehen. Ich kann es einfach nicht verstehen. Wieso können Sie Ihre Gedanken nicht vom Schlachtfeld fernhalten?

General Ford W. Fush *Zündet sich eine neue Zigarre an.*:
Das Schlachtfeld war mein zu Hause. Fast sogar meine zweite Familie. Außerdem weiß ich ja gar nicht, was Sie haben. Sie können sich stolz schätzen, dass Sie für Ihr Vaterland gefallen sind. Ich, für meinen Fall, bin voller Stolz erfüllt!

Soldat James Neil:
Für ein Land zu fallen, das den Krieg sehnlichst heraufbeschworen hat, ist aber sicherlich nicht stolzerfüllend. Es ist eher schamerfüllend. Wie konnte ich nur so

blind sein?

General Ford W. Fush:
Offensichtlich hätten Sie wissen sollen, dass nicht nur Liebe, sondern auch Zorn und Trauer blind machen und die Realität verblendet wird.

Soldat James Neil *Misstrauisch.*:
Wie meinen Sie das?

General Ford W. Fush:
Sie wissen haargenau, wie ich das meine. Glauben Sie, dass solche Leute wie Sie, nicht genauer betrachtet werden? Vor allem Leute, welche auf eine erfolgreiche Berufszukunft hoffen konnten, aber dann plötzlich zur Armee gehen. Aus diesem Grund wurde mir eines Tages Ihre Akte gegeben und die habe ich mir ganz genau durchgeschaut. Sehr interessant. Bester Ihres Jahrgangs in Studium der Psychologie. Nach Ihrer in Rekordzeit absolvierten Doktorarbeit, wurde Ihnen sogar eine Arbeitsstelle in einer der renommiertesten Psychiatrien der USA angeboten. Und was machen Sie? Sie treten in die Armee ein. Und der Grund hierfür war sicherlich, dass Ihre Eltern in einem Terroranschlag umgekommen sind, der von unseren Feinden ausgegangen ist. So war es doch?

Soldat James Neil:
Nein, hören Sie damit auf. Das ist nicht wahr.

General Ford W. Fush *Geht näher auf Soldat James Neil zu.*:
Und wie es wahr ist. Wie können Zorn und Trauer nur so blind machen? Sie haben oder soll ich lieber sagen, Sie hatten? Eine wunderschöne Frau. Zwei gesunde Kinder, die nicht an den Folgen des Gasanschlages leiden müssen, wie viele andere. Ein Haus. Eine sichere Zukunft. Wie konnte man so ein Glück aufgeben, nur um Rache auszuüben? Denn Sie sind sicher nicht zur Armee gegangen, um das Vaterland zu schützen.

Soldat James Neil *Drohend.*:
Hören Sie sofort damit auf! Sie haben ja gar keine Ahnung, wie so etwas ist.

General Ford W. Fush:
Ob ich Ahnung habe oder nicht. Das ist völlig belanglos. Ich habe Ihnen nur die Geschichte erzählt, die Sie geschrieben haben. *Macht eine Runde um den völlig verdutzten und angeschlagenen Soldaten James Neil.* Und, hat es was für Sie

persönlich gebracht? Konnten Sie Ihren Zorn und Ihre Trauer durch Rache vollständig ertränken? Ich meine nicht. Nur, dass Ihre Familie nun unendlichen Schmerz beklagen muss. Und das noch kurz vor dem Angesicht eines weiteren Weltkrieges. Wie fühlen Sie sich jetzt? Wie fühlt man sich, wenn man die Geliebten im Stich lässt, Soldat? *Grinst ein bisschen.*

Soldat James Neil *Schreit und packt General Ford W. Fush am Kragen.*:
Nur wegen solcher Monster, wie Sie eines sind, gibt es überhaupt Kriege und Zorn und Trauer! Immer weiter bestrebt mehr Macht und Reichtum zu erlangen, auf Kosten von Ehemännern und Vätern.

General Ford W. Fush:
Ja, auf Kosten vieler Männer. Aber vergessen Sie nicht, dass Sie nicht zum Kriegsdienst gezwungen wurden. Sie sind aus Blindheit eingetreten. Sie hatten die freie Wahl.

Soldat James Neil *Hat seine Hände wieder von General Ford W. Fush genommen.*:
Hätte ich gewusst, dass die Ranghöchsten alle Soldaten gewissenlos in den Tod schicken, wäre ich niemals der Armee beigetreten. Nicht mal wegen meiner Einfältigkeit, die mich erst blind gemacht hat.

General Ford W. Fush *Richtet seinen Kragen wieder zurecht.*:
Hätte, würde, wäre. *Pafft die Zigarre.* Es ist geschehen, was offensichtlich geschehen musste. *Pafft wiederum.* Ihre Eltern wären auf Sie sicherlich nicht stolz.

Soldat James Neil:
Was wissen Sie, wie meine Eltern über mich gedacht hätten? Sie haben sie nicht einmal gekannt.

General Ford W. Fush:
Ich nehme mir mal die Freiheit zu sagen, dass Ihre Eltern Sie sicherlich für einen – *Muss abbrechen, da ihn Soldat James Neil wiederum packt.*

Soldat James Neil:
Noch ein Wort über meine Eltern oder über meine Familie und ich schwöre –

General Ford W. Fush:
Was denn? Dass Sie mich noch einmal umbringen oder unerträgliche Schmerzen zufügen? *Lacht.* Das Einzige, was Sie hier oben fühlen können, ist psychischer

Schmerz, aber keinen Physischen. *Soldat James Neil lässt General Ford W. Fush geschlagen wieder los. General Ford W. Fush richtet erneut seinen Kragen.* Na ja, wie dem so sei. Anscheinend wussten Sie das noch nicht. Ich werde nun gehen. Vielleicht treffe ich andere Soldaten, die es zu schätzen wissen, dass sie für das Vaterland gefallen sind. Und unter so einem pflichtbewussten General dienen durften. *Verlässt die Bühne.*

Soldat James Neil *Setzt sich auf die Bank.*

Licht aus.

Akt 4
Die Rechenschaftsablage
(Figuren: Soldat James Neil, „Himmelspförtner" (Philipp), Richterin)

In der Mitte der Bühne steht ein Schreibtisch mit einem Bürostuhl an der einen Seite und zwei Stühlen an der anderen Seite. Auf dem Tisch liegen typische, aber nicht übertrieben viele Büroutensilien. Alles ordentlich aufgeräumt. Es liegt zudem eine dicke Mappe über das Leben von Soldat James Neil auf dem Tisch.

Soldat James Neil *Sitzt bereits auf einem Stuhl.*

„Himmelspförtner" *Tritt auf die Bühne und geht auf Soldat James Neil zu.*:
Die Richterin wird gleich kommen. Es dauert nicht mehr lange. Zurzeit ist bei uns Hochkonjunktur angesagt, wissen Sie.

Soldat James Neil *Ein bisschen verwirrt.*:
Richterin? Was kann ich mir genau darunter vorstellen?

„Himmelspförtner":
Nun ja, sie wird über Ihr Leben richten und urteilen, was Sie bekommen. Aus diesem Grund heißt Sie ganz lapidar Richterin.

Soldat James Neil:
Wie meinen Sie das? „Urteilen, was Sie bekommen".

31

„Himmelspförtner":
Na ja, sie wird einfach entscheiden, wie Sie in Zukunft leben werden. Mehr Details wird Ihnen schon die Richterin verraten. Haben Sie aber wegen der Hölle oder wegen des Fegefeuers keine Angst. So was gibt es nicht.

Soldat James Neil:
Und wohin wird man dann gebracht?

„Himmelspförtner":
Wie gesagt, die Richterin wird Sie aufklären. Noch ein bisschen Geduld. *Geht von der Bühne.*

Kurze Stille

Die Richterin erscheint in Begleitung mit dem „Himmelspförtner". Sie ist im eigentlichen Sinne nicht so angekleidet, wie die Richter aus dem Justizwesen. Sie trägt typische Bürokleidung und redet im sympathischen und fairen Ton.

„Himmelspförtner":
Richterin. James Neil.

Richterin *Geht auf Soldat James Neil zu, um ihm die Hand zu reichen.*

Soldat James Neil *Beide geben sich die Hand.*:

Richtern *Setzt sich auf ihren Bürostuhl.*:
So, Herr. Neil. Dann schauen wir mal Ihr Leben an. Philipp, könntest du uns zwei alleine lassen? Wir brauchen hierfür Privatsphäre.

„Himmelspförtner":
Ja, aber natürlich. *Verlässt danach die Bühne.*

Soldat James Neil:
Sie haben Namen? Mir hat er gesagt, dass er schlicht und einfach Himmelspförtner heißt.

Richtern *Lächelt.*:
Wissen Sie, in Wahrheit haben alle hier oben einen richtigen Vor- und Nachnamen.

Wir benutzen unsere Namen fast nur, wenn wir unter uns sind. Den Gästen, zum Beispiel Ihnen, nennen wir aber nur unsere Tätigkeit als Namen. Wir wollen damit einfach erreichen, dass durch diese formelle Anonymität keine Gefühle zwischen uns und den Gästen gehegt werden. Es soll ja alles fair und gerecht bei der Beurteilung vonstatten gehen. Das verstehen Sie doch?

Soldat James Neil:
Ja, sicher. Ist mehr als verständlich.

Richterin *Lächelt.*:
Also, dann sehen wir mal. Der Himmelspförtner hat Ihre Identität bereits überprüft?

Soldat James Neil:
Ja, das stimmt.

Richterin:
Gut, dann werde ich Ihnen zuallererst erzählen, wie alles abläuft. Das Prozedere umfasst insgesamt drei Stationen. Die erste Station ist die Rechenschaftsablage. Die Zweite die Beurteilung und die Letzte die Reinkarnation, also die erneute Fleischwerdung. Die Rechenschaftsablage besteht aus zwei Aspekten: Das eigene, sagen wir, Resümee und das Resümee, welches ich selbst anhand Ihrer Akte ziehen werde. Danach kommt die Beurteilung, die für die Reinkarnation von entscheidender Bedeutung ist. Die Reinkarnation findet aber nicht sofort statt, sondern ein paar Tage später, weil dies auch ein bisschen Aufwand mit sich bringt. Haben Sie jetzt schon irgendwelche Fragen oder Anmerkungen?

Soldat James Neil:
Ja, und zwar, wie die Reinkarnation abläuft. Hört sich vielleicht komisch an, aber kann ich zum Beispiel als Tier wiedergeboren werden?

Richterin *Lacht.*:
Sicherlich nicht. Das würde überhaupt nicht funktionieren. Eine menschliche Seele in einem Tierkörper? Manche Religionen auf der Erde predigen doch so etwas, wenn ich mich richtig entsinnen kann? Ich werde Ihnen erst mal sagen, dass Sie als Mensch wiedergeboren werden. Die wiederholte Fleischwerdung beginnt logischerweise mit der Geburt. Die wichtige Frage ist nur, als was für ein Mensch Sie wiederum leben werden.

Soldat James Neil:

Wie meinen Sie das?

Richterin:
Nun ja. Irgendwie muss man Sie ja für das richten, was Sie in Ihrem Leben getan haben. Da wir aber von einer Selektion, wie Himmel und Hölle, nichts halten, haben wir uns dafür entschieden, dass Sie Ihre Strafe im nächsten Leben abbüßen werden. Wenn Sie ein gutes Leben gelebt haben, so werden Sie sich in einer gestärkten Gesellschaft wiederfinden. Zum Beispiel als Kind einer reichen oder berühmten Familie. Das ist die Belohnung für Ihr früheres gutes Leben. Aber so ein Leben birgt natürlich auch Gefahren. Sie könnten sich verwerflich verhalten und somit könnte Ihr nächstes Leben weitaus schlechter ausfallen.

Soldat James Neil:
Das Leben ist also ein Kreislauf? *Nachdenklich.* Man lebt und stirbt. Und dieser Vorgang wiederholt sich immer wieder. Irgendwie traurig, dass man wiedergeboren wird und nichts aus dem früheren Leben weiß. Nichts von den Freunden, nichts von der Familie.

Richterin:
Ein bisschen traurig ist es gewiss, aber sobald Sie wiedergeboren werden, wissen Sie ja nichts von alledem, was Sie heute erfahren haben. Wo war ich? Ahja, beim Führen des Lebens. Sollten Sie aber ein schlechtes Leben geführt haben, so werden Sie in einer, gesellschaftlich gesehen, schwachen Umgebung wiedergeboren. Trotzdem bedeutet ein sozial geschwächtes Umfeld nicht gleich, dass es keine Möglichkeit gibt, sich in eine höhere Gesellschaftsstruktur hoch zu arbeiten. Es ist durchaus möglich, aber natürlich aufwendiger.

Soldat James Neil:
Hört sich eigentlich alles gerecht an. Aber wie beurteilen Sie ein Leben? Nach welchen Richtlinien urteilen Sie?

Richterin:
Das ist wirklich eine von den wichtigsten Fragen. Um ein Richtlinienwerk zu verfassen, haben wir die Schriften aller Philosophen, aber auch die Gebote aller Religionen studiert. Des Weiteren haben wir die menschliche Psyche, Triebe und Instinkte unter die Lupe genommen. Nicht zu vergessen, dass auch die Gesellschaft immer eine große Rolle bei den Handlungen der Menschen spielt und deswegen keinesfalls unter den Tisch fallen darf. Auf diese genannten Faktoren beruht unser Richtlinienwerk. Das Werk ändert sich mit der Zeit natürlich auch. Genauso wie

34

sich die Gesellschaft und die Moral der Menschen ändern. Dennoch gibt es Richtlinien, die für immer und ewig gelten. Zum Beispiel, wie man bei Mord und Vergewaltigungen urteilen muss. Für diese Beurteilungen kommen aber noch andere Faktoren mit ins Spiel. Zu dem aber später.

Soldat James Neil:
Hört sich alles vernünftig an.

Richterin:
Gut, dann fangen wir mal an. Oder haben Sie noch irgendwelche Fragen?

Soldat James Neil:
Zurzeit nicht. Danke.

Richterin:
Sie können jederzeit Fragen stellen.

Soldat James Neil:
Okay.

Richterin:
Also dann. *Schlägt die Akte über Soldat James Neil auf und liest.* Ahja, und bevor Sie fragen. Ich habe mir Ihr Leben schon im Vorhinein angesehen, damit ich für die Rechenschaftsablage vorbereitet bin. Das, was ich jetzt kurz durchlese, sind die wichtigsten Punkte bezüglich Ihres Lebens. Hier finde ich Ihre Taten, die besonders erwähnenswert sind. Im positiven Sinne, aber auch im negativen Sinne. *Liest weiter.* Besonders gute Beziehung zu Ihrer Frau und Ihren Kindern. Liebenswert, treu, verständnisvoll. Immer darauf bestrebt der Familie die höchste Priorität einzuräumen. Schön. So ein Verhalten ist heutzutage nicht oft zu finden. *Lächelt und liest weiter.* Hilfsbereiter und ehrgeiziger Mensch in allen Lagen. Zu Ihren Eltern hatten Sie auch ein inniges Verhältnis. *Soldat James Neil unterbricht die Richterin.*

Soldat James Neil:
Entschuldigen Sie die Unterbrechung, aber ich habe eine Frage, die meine Eltern betrifft. Sie wissen sicherlich, dass meine Eltern ums Leben gekommen sind. Ich würde sehr gerne wissen, wie die Beurteilung meiner Eltern ausgefallen ist.

Richterin *Lächelt.*:

35

Ich habe mir schon gedacht, dass Sie so eine Frage stellen werden. Sämtliche Details zur Beurteilung kenne ich nicht, da die Bewertung von einem Kollegen gemacht wurde. Ich kann Ihnen aber sagen, dass sie ein glückliches Leben führen.

Soldat James Neil *Lächelt erleichtert.*:
Wissen Sie, ich habe deshalb gefragt, weil meine Eltern hin und wieder zu streng mit mir umgegangen sind. Hier und da habe ich auch eine Ohrfeige bekommen, wenn ich wirklich etwas ganz Dummes und Schlimmes angestellt habe. Wenn ich mich aber recht entsinne, habe ich höchstens zwei Ohrfeigen im ganzen Leben bekommen. Die Strenge und Ohrfeigen waren aber im Vergleich zu den Dingen, die ich angestellt habe, nichts. Die Ohrfeigen waren sogar mehr als berechtigt, im Nachhinein betrachtet. Meine Lausbubengeschichten waren mehr als extrem.

Richterin:
Oh ja, diese Geschichten waren, sagen wir, nicht der Norm entsprechend. *Blättert in der Akte umher.* Das zum Beispiel: 1. März, 1987. Sie haben sich nachmittags die Nachbarkatze geschnappt und diese dann kahl rasiert. Als angeblichen Grund haben Sie Ihren Eltern gesagt, dass der Frühling vor der Tür stehe und Sie nicht wollten, dass die Katze schwitze. Aber in Wahrheit wollten Sie sich an Herrn Romanowsky rächen, dem die Katze gehörte. Er hat Ihren Frisbee nicht zurückgegeben, nachdem dieser über den Zaun in Herrn Romanowskys Garten geflogen ist. Schon als Kind waren Sie anscheinend leicht reizbar und wollten alles rächen.

Soldat James Neil:
Ja, das ist leider meine Schattenseite. Hass und Rache. Ich weiß auch nicht, wieso ich in dieser Beziehung so überempfindlich reagiere.

Richterin:
Hm, das ist wirklich schade, dass Sie solche Charakterzüge aufweisen. Aber man kann diese kontrollieren. Es ist vielleicht schwierig, aber nicht unmöglich.

Soldat James Neil:
Ich weiß, was Sie meinen und ich weiß auch, dass Sie Recht haben. Letzten Endes hat es nicht geklappt, dass ich Hass und Rache kontrollieren kann.

Richterin:
Nun ja, zu dem aber später. Dann fahren wir fort.

Soldat James Neil:

Aber ich hätte noch eine Frage, wenn es geht. Wissen Sie ganz genau, aus welchem Grund ich eine bestimmte Tat begangen habe? Ich habe nämlich den wahren Grund bezüglich der Katze nie einem anderen Menschen verraten.

Richterin:
Ja, genau. Ich habe das total vergessen zu erwähnen. Es lohnt sich ergo nicht, dass Sie lügen. Wir wissen immer haargenau, wieso Sie so und so gehandelt haben. Wir können in die Gefühle und Gedanken eines jeden Menschen hineinblicken. Das erleichtert uns die Beurteilung eines Lebens.

Soldat James Neil:
Irgendwie habe ich dabei einen faden Nachgeschmack.

Richterin:
Ach, da müssen Sie sich keine Sorgen machen. Wir analysieren die Gefühle und Gedanken erst, wenn ein Mensch gestorben ist. Früher nicht. Sie wurden das ganze Leben in keinster Weise beobachtet. Und vor allem auch nicht geleitet. Es gibt kein Schicksal oder so etwas in der Art. Alles ist frei nach dem Willen.

Soldat James Neil:
An Schicksal habe ich noch nie geglaubt. Es ist für mich einfach nicht verständlich, dass man das ganze Leben lang auf einem längst vorbereiteten Weg in die Zukunft schreitet.

Richterin:
Ja, das wissen wir. Wir wissen auch, dass Sie bis zum Tod Ihrer Eltern ein frommer Christ waren. Jeden Sonntag haben Sie die Messe besucht und bei vielen kirchlichen Ereignissen haben Sie ebenso mitgeholfen.

Soldat James Neil:
Der Verlust meiner Eltern hat vieles verändert, ja. Sie waren für mich immer da. Sie waren hin und wieder streng, das habe ich ja schon gesagt, aber es waren Eltern, die sich um meine Probleme und Bedürfnisse gekümmert haben. Sie waren einfach meine Eltern. Viele meiner Freunde haben mich beneidet, dass ich solche Eltern hatte.

Richterin:
Nun ja, diese Veränderung ist für Ihre Beurteilung wirklich nicht vorteilhaft. Obwohl Sie eigentlich das ganze Leben lang sehr anerkennenswert gelebt haben,

sind die Zeiten nach dem Tod Ihrer Eltern mehr als bedauernswert. Deswegen bedauernswert, weil die Beurteilung dementsprechend negativ ausfällt.

Soldat James Neil:
Ich glaube, ich weiß, worauf Sie hinaus wollen. Der Eintritt in die Armee und die dortige Zeit.

Richterin:
Richtig, Sie wissen anscheinend, um was es geht. Ihr Hass gegen das Land, aus dem die Terroristen gekommen sind, die Ihre Eltern in dem einen Anschlag getötet haben, hat erst veranlasst, dass Sie diesen Weg eingeschlagen haben. Das ist der springende Punkt. Der Hass. Durch Hass veranlasst, haben Sie die Feinde Ihres Landes getötet. Auch andere Soldaten haben getötet, aber dennoch fällt bei den Meisten die Beurteilung nicht so negativ aus.

Soldat James Neil:
Aber, aber wo ist denn bitte der Unterschied zwischen mir und einem anderen Soldaten? Im Krieg wird leider getötet.

Richterin:
Ja, das ist richtig, aber es fließt in die Beurteilung auch die, sagen wir, Ideologie mit ein, wieso man getötet hat.

Soldat James Neil *Sagt zu sich selbst.*:
Hass.

Richterin:
Eine Ideologie rechtfertigt natürlich nie das Töten, aber sie schwächt eventuell die Beurteilung bezüglich des Tötens ab. Solche Dinge berücksichtigen wir.

Soldat James Neil:
Aber das ist ja ungerecht!

Richterin:
Ungerecht? Entschieden Sie doch selbst. Wer kann eher das Töten rechtfertigen? Einer, der aus Liebe zu seinem Vaterland in den Krieg gezogen ist oder jemand, der nur aus Hass Leute umbringt, damit er in irgendeiner Form den Tod seiner Eltern rächen kann? Das mag vielleicht makaber klingen, aber der Patriot kann es eher rechtfertigen, da er sich wirklich für das Wohl seines Landes interessiert. Er will das

Land nur schützen und tötet nicht aus einer Gefühlsregung heraus. Wir überprüfen natürlich sehr genau, warum jemand in den Krieg gezogen ist.

Soldat James Neil:
Ich frage mich ja selbst, wieso es nur so weit kommen konnte.

Richterin:
Das frage ich mich auch. *Liest kurz.* Vor allem die Grausamkeit, welche Sie einem Feind angetan haben, der längst kampfunfähig war, erschüttert mich.

Soldat James Neil:
Was soll ich zu alledem schon sagen? Ich werde Ihre Beurteilung akzeptieren und das Bestmögliche in meinem nächsten Leben tun, um nicht wieder auf so eine schiefe Bahn zu geraten.

Richterin:
Wollen Sie noch etwas hinzufügen?

Soldat James Neil:
Ich bereue, was ich getan habe, aber das nützt wahrscheinlich nichts.

Richterin:
Nein, das nützt wirklich nichts. *Sucht in der Akte nach einem Blatt.* So, Herr Neil. Das ist die Beurteilung. *Reicht ihm diese.* Und unten steht, wo und in welcher sozialen Umgebung Sie sich wiederfinden werden.

Soldat James Neil *Liest die Beurteilung.*:
Aber das ist doch kein Leben. Das ist unmenschlich!

Richterin:
Unmenschlich? Und wie soll ein menschliches Leben aussehen? Voller Macht und Jähzorn? Totalitär? Ich verstehe die Menschen wirklich nicht. Wieso kann der Hass, zum Beispiel wie bei Ihnen, die Liebe zu Ihrer Frau und zu Ihren Kindern so zerstören, dass Sie sie verlassen, um nur in den Krieg zu ziehen? Wieso? Können Sie mir das sagen? Oft nimmt der Hass einen höheren Stellenwert als die Liebe ein. Ich verstehe es nicht.

Soldat James Neil:
Sie können mir trotzdem nicht so ein neues Leben geben. Eigentlich ist so was

Schicksal. Mein Lebensanfang startet nämlich nicht zufällig, sondern wird durch Sie bestimmt. Und Sie haben anfangs gesagt, dass es Fügung oder Schicksal nicht gibt.

Richterin:
Wenn wir alles zufällig machen würde, dann wäre das aber völlig unrechtens. Einer, der das Leben lobenswert geführt hat, wird vielleicht in einem schlechten nächsten Leben wiedergeboren. Ein Mörder oder Vergewaltiger dagegen darf ein ruhmreiches Leben führen? Oder was ist mit solchen Verbrechern, wie Hitler oder Stalin? Dürfen die ein angenehmes neues Leben führen? Sicherlich nicht. Und Sie können mir ruhig glauben, dass diese zwei Diktatoren die gerechte Strafe bekommen haben. Dagegen ist Ihr Neuanfang sogar fast eine Belohnung.

Soldat James Neil:
Ach, was soll ich mich aufregen. Es ist meine Schuld. Ich akzeptiere die Beurteilung und die Reinkarnation. *Schnauft durch.* Eine Frage hätte ich aber noch. Haben Sie jemals versucht, dass alle Menschen gleich starten? In derselben sozialen Schicht, mit denselben Finanzen?

Richterin:
So eine Vorstellung ist uns einmal durch den Kopf gegangen. Die Idee wurde aber bald wieder verworfen. Es ist egal, ob alle gleich viel Geld haben oder in derselben sozialen Schicht geboren werden. Es wird trotzdem immer noch Kriege und all die schrecklichen Dinge geben, da der Mensch nie genug haben wird und seine Gefühle nicht immer im Griff haben wird. Es muss erst etwas in den Köpfen passieren, bevor man eine solche Vorstellung wirklich in die Tat umsetzen kann. *Schaut auf ihre Armbanduhr.* Oh, schon so spät. Wenn Sie mich entschuldigen, ich habe noch einen anderen Termin.

Soldat James Neil:
Ja, gehen Sie ruhig.

Richterin *Reicht zur Verabschiedung Soldat James Neil die Hand.*:
Machen Sie's gut. Sie werden das nächste Leben schon meistern.

Soldat James Neil *Schüttelt die Hand.*

Richtern *Geht seitlich von der Bühne.*

Soldat James Neil *Sieht sich noch einmal seinen Beurteilungsbogen an.*

Licht aus.

Akt 5
Kriegsführung für Anfänger
(Figuren: Oberst Iwan Perruski, General Ford W. Fush, Soldat James Neil,
„Himmelspförtner" (Philipp), Mysteriöse blinde Frau)

*General Ford W. Fush und der ehemalige Feind, Oberst Iwan Perruski, spielen auf
einem Golf-Heim-Training-Set (künstliche Grasbahn mit einem Golfloch) Golf.
Beide treffen anfangs nicht, bis Oberst Iwan Perruski es gelingt, den Golfball zu
versenken. General Ford W. Fush pafft wieder eine Zigarre. Neben dem Golf-Set
steht noch ein Tisch mit einer darauf stehenden Wodka-Flasche und einem bereits
gefüllten Glas. Daneben steht ein leeres Glas. Oberst Iwan Perruski trägt eine
russische Militäruniform. Er selbst ist dick und schon ziemlich in die Jahre
gekommen. Eine weiße Sitzbank ist ebenso auf der Bühne platziert.*

Oberst Iwan Perruski *Nachdem er den Golfball versenkt hat. Redet mit russischem
Akzent.*:
All in one!

General Ford W. Fush:
Mein lieber Genosse, so etwas nennt man nicht All in one.

Oberst Iwan Perruski:
Ach, warte, wie nennt man das? *Überlegt.* Ahja, jetzt habe ich es. All in. Ja.

General Ford W. Fush:
Ich glaube, dass du niemals im Leben Poker oder Golf gespielt hast. Sonst müsstest
du wissen, dass „All in" ein Begriff aus dem Poker ist und „Hole in One" aus dem
Golf. Außerdem war das kein Hole in One. Du hast schon mehrere Male versucht,
den Golfball einzulochen.

Oberst Iwan Perruski:

All in One, All in, Hole in One. Ist doch egal. Hauptsache versenkt.

General Ford W. Fush:
Ach, wie in eurer Kriegsführung. Hauptsache irgendwas getroffen. Egal, ob es jetzt der Feind oder Nicht-Feind gewesen ist.

Oberst Iwan Perruski *Trinkt das Glas leer und schenkt sich noch einmal Wodka ein.*:
Komm mir nicht so, Fush. Erzähl mir nicht, dass es bei euch keine Kollateralschäden gibt.

General Ford W. Fush:
Natürlich gibt es ab und zu so etwas. Das ist unvermeidbar. Aber wir verheimlichen, im Gegensatz zu euch, Kollateralschäden nicht.

Oberst Iwan Perruski:
Nein, sicherlich nicht. *Ironisch.* Ich weiß doch haargenau, dass ihr über die schlimmsten Kollateralschäden einen großen Mantel werft, damit es ja keiner erfährt. Tja, Spione sind schon eine feine Sache. Also, wo ist der Unterschied? Wir verheimlichen alle Kollateralschäden und ihr nur die Schlimmsten.

General Ford W. Fush:
Das Volk muss man häppchenweise mit Informationen füttern.

Oberst Iwan Perruski:
Tja, und ich glaube: Das Volk soll diesbezüglich hungern, aber nicht dursten. *Lacht und hebt sein Glas hoch.* Nastrovje! *Leert das Glas.* Ah, aber lassen wir das. Was hast du eigentlich von deinen Soldaten gehalten?

General Ford W. Fush:
Ich kann durchaus nicht meckern. Sie gehorchten aufs Wort und haben alles im Glauben gemacht, dass dies dem Vaterland zu Gute kommt. Tja, zum Lachen.

Oberst Iwan Perruski *Lacht.*:
Diese Einfältigen! Genauso, wie meine Genossen. Die glauben wirklich, dass es im Krieg nur um die Sicherheit Mütterchen Russlands ginge.

General Ford W. Fush *Lacht auch.*:
Ja, ich kann es auch nicht verstehen. Sicherheit kann man auch ohne Kriege erringen. Diplomatisch. Aber Macht, ja, Macht. Die erringt man nur durch Kriege,

viele Kriege.

Oberst Iwan Perruski:
Komm, darauf wollen wir anstoßen.

General Ford W. Fush *Kommt Oberst Iwan Perruski näher und wartet auf sein gefülltes Glas.*

Oberst Iwan Perruski *Reicht dem General das Glas.*:
Auf die Macht!

General Ford W. Fush:
Auf die Macht! *Die Beiden stoßen an und trinken den Wodka aus.*

Oberst Iwan Perruski:
Ah!

General Ford W. Fush:
Ich weiß ja nicht, wie ihr nur so was trinken könnt. Scheußlich.

Oberst Iwan Perruski:
Irgendwie muss man sich doch das Leben schön trinken? Genauso die Frauen. *Lacht.*

General Ford W. Fush:
Habt ihr eigentlichen auch einen Notfallplan, falls etwas schief gehen würde?

Oberst Iwan Perruski:
Ja, aber natürlich. Glaub ja nicht, dass es solche Notfallpläne nur bei euch Amerikanern gibt. Falls es so weit kommt, dass ihr uns überrennt, was ich sehr bezweifle, dann gibt es einen finalen Schlag, in Form einer Atombombe. Dann werdet ihr sehen, wer auf der Welt das mächtigste Land ist.

General Ford W. Fush:
Tja, aber ich denke, dass der Nuklearschlag nicht viel bringen wird.

Oberst Iwan Perruski:
Nicht viel bringen? Ich glaube, du zweifelst an der Physik, mein Lieber. Eine Atombombe wird euch belehren, dass mit uns Russen nicht zu spaßen ist.

General Ford W. Fush:
Glaubst du, ich wüsste nicht, wie die Auswirkungen eines Nuklearschlages aussehen? Aber es wird deswegen nichts bringen, da wir denselben Notfallplan haben. Solltet ihr eine Atomrakete starten, so werden wir das auch machen und dann könnt ihr vergessen, dass ihr jemals an die Macht kommt.

Oberst Iwan Perruski:
Na und? Dann starten wir ebenso eine weitere Atomrakete. Und danach wieder eine und wieder eine. Ihr werdet nie wieder die Chance haben, jemals was anbauen zu können, in eurem kontaminierten Land. Die ganzen Toten und die radioaktiven Erkrankungen müsst ihr auch noch beklagen.

General Ford W. Fush:
Glaubst du, dass wir nur eine Atombombe haben? Wir haben genug. Wir können mit euch locker mithalten. Auf einen atomaren Schlag wird es einen nuklearen Rückschlag geben. Ganz einfach.

Oberst Iwan Perruski *Grübelt.*:
Ich glaube, dass dann niemand an die Macht kommen wird.

General Ford W. Fush:
Das glaube ich auch. Verdammte Atombombe. Zerstört die Vorstellung einer Weltherrschaft.

Oberst Iwan Perruski:
Das von dir zu hören? Dein Land war das Erste, das eine Atombombe abgeworfen hat und nun beschwerst du dich? Einfach zum Brüllen.

General Ford W. Fush *Verärgert.*:
Ach, lass mich in Ruhe und trink lieber deinen Wodka. Dann bist du mir viel netter.

Kurze Stille

Soldat James Neil *Erscheint auf der Bühne und ist überrascht.*:
General Ford W. Fush samt Feind, oder soll ich sagen, Freund? Oberst Iwan Perruski. Was war das alles davor? Stolz zu sein, dass man für das Vaterland gestorben ist.

General Ford W. Fush:
Die erste Regel, die man im Krieg lernt: Traue niemandem. Nicht mal den eigenen Leuten. Sie sollten nicht alles glauben, was von hohen Tieren gesagt wird. Ich sehe, dass Ihr Eintritt in die Armee wirklich nichts gebracht hat.

Oberst Iwan Perruski:
Hey, Fush, bevor die Diskussion beginnt. Willst du uns nicht vorstellen?

General Ford W. Fush:
Ach, der ist es eigentlich nicht wert, vorgestellt zu werden. Das ist Soldat James Neil. Nein, Moment, sogar Sergeant. Ich habe dir schon über ihn berichtet. Wegen ihm habt ihr einen wichtigen Etappensieg errungen, weil wir die signifikanten Geheimdokumente an einem falschen Ort gesucht haben. Und die Zeit, die wir verloren haben, habt ihr genutzt.

Oberst Iwan Perruski *Geht auf James Neil zu.*:
Na, da muss ich mich ja bei Ihnen bedanken. Solch gute Deserteure findet man heutzutage vergebens.

Soldat James Neil:
Und solche Scheusale, wie Sie, findet man heutzutage eigentlich reichlich.

Oberst Iwan Perruski:
Scheusal? *Blickt auf General Ford W. Fush.*

General Ford W. Fush:
Einer von denen, die erst zu spät realisiert haben, dass Sie keine Kriegsfreunde sind.

Oberst Iwan Perruski:
Aha. *Blickt wieder auf General Ford W. Fush.* Nun sag mir doch, wieso ich ein Scheusal bin.

Soldat James Neil:
Ich dachte immer, dass solche Männer wie Sie, nur für die Sicherheit des Vaterlandes in den Krieg ziehen und ihre Landsleute gewissenhaft kommandieren. Nur war ich zu diesem Zeitpunkt anscheinend zu blind, um die Realität zu sehen. Und was ich jetzt mitbekommen habe, bekräftigt nur noch mehr meine Behauptung: Sie waren nur auf Macht aus. Auf nichts anderes.

Oberst Iwan Perruski *Schreitet auf der Bühne umher.*:
Tja, da hast du uns erwischt. Du hast uns überführt. Wir waren nur auf Macht aus. Uns war egal, was mit unseren Soldaten passierte. Sie konnten niedergemetzelt werden. Es war uns egal. Von mir aus kannst du mich und Fush als Scheusale beschimpfen. Aber was ist mit dir? Wieso siehst du dich nicht selbst an?

General Ford W. Fush:
Pass auf! Bei dieser Thematik wird er ziemlich schnell handgreiflich. *Grinst.*

Oberst Iwan Perruski *Nähert sich Neil.*:
Ja, mir hat Fush schon alles erzählt, wieso du in den Krieg gezogen bist, wen du dafür verlassen hast, und und und.

Soldat James Neil:
Ich bereue wenigstens das, was ich getan habe und wie sieht's mit Ihnen aus?

Oberst Iwan Perruski:
Bereuen? Wieso soll ich bereuen, was ich getan habe? Man kann doch erst bereuen, wenn man festgestellt hat, dass man etwas falsch gemacht hat, oder nicht? Und außerdem sollte man selbst erkennen, dass man einen falschen Weg eingeschlagen hat. Und da ich selbst nicht einsehe, dass ich was Falsches verbrochen habe, kann ich ja nicht bereuen.

General Ford W. Fush:
Du sprichst mir aus der Seele.

Soldat James Neil:
Das ist ja traurig, dass Sie nicht bereuen. Wie kann man nur so herzlos sein? Wie viele Millionen sind unter Ihrem Kommando gefallen? Eine Million, zwei, drei? Anscheinend noch zu wenige.

General Ford W. Fush:
Bereuen, bereuen, bereuen. Was bringt Ihnen dieses Bereuen? Das, was Sie getan haben, können Sie damit nicht neu schreiben.

Soldat James Neil:
Das mag sein. Aber ich kann mich dadurch besser fühlen. Ich kann den Stachel aus meinem Gewissen reißen. Eine Narbe bleibt aber für immer da.

Oberst Iwan Perruski:
Ja, das ist richtig. Da hast du vollkommen Recht. So etwas hatte ich auch schon mal, und zwar, als ich am frühen Abend zu schnell eine Wodka-Flasche geleert habe und deswegen nichts mehr für die Nacht übrig hatte. War nämlich die letzte Flasche im Haus. Ich habe das sehr bereut. Und hab deswegen noch immer eine große Narbe in meinem Gewissen. *Lacht.* Aber dies ist der springende Punkt. Man muss selbst drauf kommen, dass man etwas bereuen soll. Aber ich, und wahrscheinlich auch Fush, bereuen nichts. Wir waren auf Macht aus. Wir haben die dazu nötigen Mittel bekommen, wie Soldaten und Waffen, und haben dies ausgenutzt.

Soldat James Neil:
Ich kann das einfach nicht mehr mit anhören. Es ist einfach widerlich. Aber wenigstens bekommen Sie beide die gerechte Strafe.

Oberst Iwan Perruski:
Und wir werden diese auch antreten, weil wir dagegen eh nichts unternehmen können. Wir sind alt und da war es nicht schlimm, aus dem Leben zu scheiden. Wir haben schon alles erlebt, was das Leben lebenswert gemacht hat.

Soldat James Neil:
Wahrscheinlich Krieg und Herrschsucht?

General Ford W. Fush:
Nicht nur das, sondern auch Liebe. Ja, auch wir, die so genannten Scheusale, können lieben. Und wir haben auch geliebt. Genug um sorglos zu sterben. Aber wie sieht's mit dir aus?

Kurze Stille

General Ford W. Fush:
Ich glaube, nicht genug geliebt.

Soldat James Neil *Steht wie angewurzelt da und bringt kein Wort heraus.*

Oberst Iwan Perruski:
Tja, ich glaube, ihm hat es die Sprache verschlagen. Lass uns gehen. Der Wodka ist auch schon alle.

General Ford W. Fush *und* Oberst Iwan Perruski *verlassen die Bühne.*

Soldat James Neil *wartet, bis die Beiden verschwunden sind und setzt sich danach auf den Boden.*

Kurz Stille

Eine gewaltige Explosion (nur akustisch wahrnehmbar) erschüttert James Neil, woraufhin er wieder sofort auf den Beinen ist. Danach wieder eine Explosion (ebenso nur akustisch).

„Himmelspförtner" *Erscheint aufgeregt auf der Bühne.*:
Du meine Güte!

Soldat James Neil:
Haben Sie das auch gehört? Was ist passiert?

„Himmelspförtner":
Gehört? Das hat man sogar gespürt, so stark war es.

Soldat James Neil:
Zwei Explosionen auf der Erde?

„Himmelspförtner":
Und was für Explosionen. Der Weltkrieg hat begonnen. Ein atomarer Angriff und gleich darauf der atomare Rückschlag. In Null Komma nichts haben Millionen von Menschen das Leben verloren. Die Nachwirkungen dürfen auch nicht vergessen werden. Kontaminiertes Land, Erkrankungen durch Radioaktivität, Fehlgeburten, Missgeburten. Da werde ich wieder viel zu tun haben.

Soldat James Neil *Beunruhigt.*:
Mein Gott! Wissen Sie schon, wo die Nuklearschläge stattgefunden haben?

„Himmelspförtner":
Bis jetzt noch nicht. Ich habe es auch erst erfahren. Auf alle Fälle muss ich unbedingt sofort auf meinen Posten, ehe die ersten Gäste ankommen. *Läuft von der Bühne.*

Soldat James Neil:
Oh, nein. Was geschieht nur?

Eine blinde mysteriöse Frau erscheint auf der Bühne (das Alter spielt keine Rolle).
Weiße Kleidung. Barfuß. Schwarze Brille und Blindenstock. Die mysteriöse blinde
Frau redet im sympathischen Ton und lächelt oft.

Mysteriöse blinde Frau *Betritt die Bühne.*:
Hallo? Ist hier jemand? Ich habe etwas gespürt.

Soldat James Neil *Ein bisschen verwirrt.*:
Ja. Hier ist jemand. *Nähert sich der Frau.* Brauchen Sie Hilfe?

Mysteriöse blinde Frau *Lächelt.*:
Nein, danke. Vielleicht habe ich mein Augenlicht verloren, aber man sollte niemals
seine anderen Sinne vernachlässigen. Das sollte man nie vergessen. Die Augen
verblenden sogar hin und wieder die Realität.

Soldat James Neil:
Sie trainieren nun Ihr Gehör?

Mysteriöse blinde Frau *Bereits bei James Neil angekommen. Lächelt.*:
Ach, Quatsch. Damit möchte ich nicht sagen, dass ich auch nicht mehr hören kann.
Aber mein Gehör ist vermutlich so gut, wie bei Ihnen, zum Beispiel. Ich habe aber
einen anderen Sinn und der ist sogar mehr wert als das Gehör und die Augen
zusammen.

Soldat James Neil:
Mehr wert? Das mit dem Gehör habe ich mir übrigens nur so gedacht, da Sie so
zielstrebig direkt auf mich zugehen konnten. Ohne Probleme. Ich dachte, dass Sie
durch gezieltes Gehörtraining nun genau wissen können, aus welcher Richtung ein
Geräusch stammt.

Mysteriöse blinde Frau:
Nein, ich habe gespürt, dass jemand da sein muss. *Legt ihre Hand auf Neils Herz.*
Neil ist sich unschlüssig, was er davon halten soll. In Ihnen herrscht zurzeit ein
Aufruhr sämtlicher Gefühle. Trauer, Schmerz, Hass und nun sogar Unruhe, die
zurzeit am stärksten präsent ist. Aber ich spüre auch Liebe, starke Liebe, die aber
ohne drei bestimmte Personen langsam zu verwelken beginnt. Ich fühle auch, dass
Sie im tiefsten Inneren wirklich ein guter Mensch sind, aber leider einen schlechten
Weg eingeschlagen haben.

Soldat James Neil *Geht einen Schritt zurück, sodass die blinde Frau ihre Hand nicht mehr an seinem Herzen hat.*:
Aber, wie wissen Sie das alles? Und vor allem, wer sind Sie überhaupt?

Mysteriöse blinde Frau *Setzt sich auf die Bank. Daraufhin tut dies auch James Neil und hört ihr gespannt im Folgenden zu.*:
Ich war nicht immer blind. Es gab noch eine Zeit, in der ich voll des Glückes alles betrachtet habe. Aber je mehr Schmerz und Hass aufgekommen sind, desto schlechter ging es mir, und meinen Augen.

Soldat James Neil:
Sie meinen damit wohl die Menschen? Mich? Weil ich bis jetzt hier oben noch nichts Schlimmes sehen konnte.

Mysteriöse blinde Frau:
Ja, genau. Ich meine damit leider die Menschen. Durch die ganzen Untaten der Menschheit bin ich in ein unendliches Loch gefallen und konnte mich nur retten, indem ich mir eigenhändig das Augenlicht nahm. Ansonsten wäre ich wohl umgekommen. Ich konnte mir das nicht mitansehen. Aber trotzdem nehme ich bestimmte Dinge unten auf der Erde wahr. Es sind die Gefühle. Wenn zum Beispiel irgendwas Schlimmes passiert und Schmerz, Hass und Trauer die Menschen auf der ganzen Welt erobern. Solche Dinge spüre ich. Das letzte Mal, an dem ich schöne Gefühle wahrgenommen habe. *Lacht.* Daran kann ich mich gar nicht mehr erinnern. Es muss aber schon sehr lange her sein.

Soldat James Neil:
Wir werden jetzt wohl nie wieder glücklich sein. Der Weltkrieg hat begonnen. Der ist wahrscheinlich schnell vorüber, aber nur deswegen, weil Gebrauch von Atombomben gemacht wird. *Lacht verzweifelt.* Das Leben ist nun vorüber. Es kann nichts mehr leben. Irgendwann mussten wir uns selbst zerstören.

Mysteriöse blinde Frau:
Es mag vielleicht makaber klingen, aber anscheinend wird so eine Situation ein neues Zeitalter des Denkens einführen.

Soldat James Neil:
Ach, wie soll das funktionieren? Die meisten Menschen werden tot sein oder langsam durch die radioaktiven Erkrankungen dahinvegetieren und letztlich sterben.

Ich bezweifle, dass ein neues Zeitalters des Denkens kommt. Höchstens werden sich die Menschen Gedanken machen, wie man in einer postapokalyptischen Epoche leben kann. Wahrscheinlich durch Raub und Mord.

Mysteriöse blinde Frau:
Sie trauen Ihren Mitmenschen anscheinend nicht viel zu? Sie trauen Ihnen keine großen Taten zu?

Soldat James Neil:
Große Taten in der Technik vielleicht, aber im Miteinander leben? Nein, dafür ist es bereits zu spät. Die Menschheit stirbt aus.

Mysteriöse blinde Frau:
Ich kann Ihnen sagen, dass der Mensch nie ganz aussterben wird. Dafür ist er sich zu schade. Es ist durchaus makaber, aber ein atomarer Krieg wird schnell vorzeigen können, und auch ein Mahnmal setzen können, dass Kriege letzten Endes sinnlos sind. Es werden viele Menschen das Leben lassen, aber es wird sich was ändern. Erst durch eine große Schreckenstat wird der Mensch wieder sehen können. Ich habe großes Vertrauen in die Menschheit.

Soldat James Neil:
Tja, da sind Sie wohl die einzige Optimistin hier oben. Der Himmelspförtner und die Richterin scheinen nicht so zuversichtlich zu sein. Es überrascht mich, dass Sie so optimistisch diese Angelegenheit ansehen.

Mysteriöse blinde Frau:
Ich hoffe das wirklich. Nein, ich weiß es. Wenn es nicht so aussehen wird, so werde ich wahrscheinlich noch taub werden. Ich möchte nur eine gewisse Zeit wieder Ruhe haben.

Soldat James Neil:
Wer oder was sind Sie? Es kann doch nicht sein, dass jemand als Nichtmensch erstens, dem Menschen noch vertraut, und zweitens, keinen Hass verspürt, obwohl Sie durch uns Ihr Augenlicht verloren haben, und nun vielleicht noch Ihr Gehör verlieren.

Mysteriöse blinde Frau:
Wieso kommen Sie auf die Behauptung, dass wir hier oben keine Menschen sind? Vielleicht sind wir ehemalige Menschen? Ich habe deswegen so großes Vertrauen in

die Menschen, da ich sehr eng mit ihnen in Verbindung gestanden habe, vielleicht noch stehe. Aber mehr will ich nicht sagen, weil nur jeder alleine das Recht hat, zu erschließen, was das hier oben wirklich ist.

Soldat James Neil:
Aber –

Wird durch den „Himmelspförtner" abrupt *unterbrochen. Man sieht ihn jedoch noch nicht*:
Herr Neil, wo stecken Sie?

Mysteriöse blinde Frau *Aufgeregt.*:
Ich muss nun gehen.

Soldat James Neil *Packt die Frau behutsam am Arm.*:
Nein, bleiben Sie doch bitte. Sie sind hier die Einzige, die, wie soll ich sagen? Etwas Menschliches verstrahlt. Nicht im negativen Sinne, sondern positiv gemeint. Ich will mit Ihnen reden und Fragen stellen.

„Himmelspförtner" *Noch immer nicht sichtbar.*:
Herr, Neil!

Mysteriöse blinde Frau:
Nein, es geht nicht. Sie müssen selbst die Antworten geben. Sie müssen mit sich selbst reden. Das Leben als Resümee vor dem geistigen Auge durchlaufen lassen. Sie müssen an sich glauben. Auch, wenn Sie vielleicht vieles falsch gemacht haben. Lassen Sie mich bitte los.

Soldat James Neil *Überlegt, was er tun soll.*

„Himmelspförtner" *Noch nicht sichtbar.*:
Herr Neil, ehemaliger Sergeant James Neil!

Soldat James Neil:
Aber wieso haben Sie so viel Angst?

Mysteriöse blinde Frau:
Ich bin hier oben nicht sehr beliebt, da mich die Anderen für das beschuldigen, was die Menschen gemacht haben. Und noch in Zukunft machen werden. Ohne mich

gäbe es angeblich so was nicht. Aber nun lassen Sie mich bitte los. Ich flehe Sie an. Bitte.

Soldat James Neil *Lässt sie los.*

„Himmelspförtner" *Noch immer hinter der Bühne.*:
Herr Neil!

Mysteriöse blinde Frau *Verschwindet rasch von der Bühne.*

Kurz danach erscheint der „Himmelspförtner":
Ach, Herr Neil. Das sind Sie ja. Ich habe Sie schon überall gesucht. Wieso haben Sie sich nicht gemeldet, als ich Ihren Namen gerufen habe?

Soldat James Neil *Noch immer in die Richtung fixiert, in der die Blinde geflüchtet ist.*:
Ähm. Wissen Sie, ich habe mit jemandem geredet und hab Sie deswegen einfach nicht gehört.

„Himmelspförtner":
Mit jemandem geredet? Wahrscheinlich mit General Ford W. Fush und Oberst Iwan Perruski?

Soldat James Neil:
Eh, ja, genau. Ich wollte einfach, dass sie ihre Taten bereuen.

„Himmelspförtner":
Vermutlich vergeblich versucht? Aber machen Sie sich keine Sorgen. Diese zwei Schurken werden ihre gerechte Strafe bekommen. Was ich Ihnen nur sagen wollte ist, dass alles für Ihre Reinkarnation vorbereitet wurde und Sie am nächsten Tag wiedergeboren werden.

Soldat James Neil:
Ja, danke für die Information.

„Himmelspförtner"
Also, wenn Sie mich entschuldigen. Ich muss wieder an die Arbeit. *Verschwindet von der Bühne.*

Soldat James Neil *Setzt sich auf die Bank.*

Licht aus.

Akt 6
Am Tag der Reinkarnation
(Figuren: Russischer Soldat, US-Soldat, „Himmelspförtner" (Philipp), Katholischer Priester, Muslimischer Priester, Politiker, Charlize Neil, Soldat James Neil)

Dasselbe Bühnenbild, wie in Akt 1. Eine Gruppe von Toten verschiedener Nationalitäten. Darunter ein russischer Soldat, ein amerikanischer Soldat, ein katholischer und muslimischer Priester, ein Politiker und die Frau von Soldat James Neil, Charlize Neil. Alle liegen noch auf dem Boden. Das Bühnenlicht wird langsam immer heller, sodass das Publikum genug sehen kann. Langsam erwachen auch die Verstorbenen.

Russischer Soldat *Sieht nicht den Feind, den amerikanischen Soldaten.*:
Wo bin ich?

US-Soldat *Schaut umher und bemerkt den russischen Feind.*:
Du Kommunist! *Wirft sich auf diesen und versucht ihn zu erwürgen.*

Russischer Soldat:
Na, was ist, du Schlappschwanz! Du kannst mich nicht mal erwürgen! Hast du keine Kraft? Ich spüre rein gar nichts!

US-Soldat *Würgt stärker.*:
Stirb endlich!

„Himmelspförtner" *Erscheint auf seinem Podium.*:
Ich glaube kaum, dass Sie ihn noch einmal umbringen können. Das Würgen ist nutzlos.

US-Soldat *Überrascht. Lässt mit dem Würgen ein bisschen nach.*:
Wieso? Und wer zum Teufel sind Sie? Auch so ein Kommunist?

54

„Himmelspförtner" *Gelassen.*:
Normal sollte ich erst Ihren Namen erfahren. Aber bevor Sie Ihre Kraft beim unnötigen und sinnlosen Erwürgen vergeuden, sage ich Ihnen erst mal, dass Sie tot sind. Der, den Sie würgen, ist genauso tot und die Anderen, die dort liegen, ebenso.

US-Soldat *Würgt weiter.*:
So ein Scheiß! Tot? Dass ich nicht lache. Und wieso gibt es den Russen da? Der müsste doch in der Hölle schmoren.

„Himmelspförtner":
Sie müssten eigentlich auch in einer so genannten Hölle schmoren, wenn es nach mir ginge. Aber nun wieder zur Thematik: Tot oder am Leben sein. Wenn Sie noch leben würden, müssten Sie doch irgendwann einmal erwägen, wieso er nicht endlich sterben will, und warum er keinen Schmerzenslaut oder kein Röcheln von sich gibt. Können Sie mir das erklären?

US-Soldat *Würgt noch, aber lässt immer weiter nach, bis er dann schließlich aufgibt.*:
Ich würde sagen, dass der Typ einfach ein bisschen länger braucht, bis er ins Gras beißt. Und, dass er nicht röchelt. Na ja, das würde ich damit begründen, dass er im Leben so viel Wodka getrunken hat und deswegen fast keinen Schmerz spüren kann. Der Alkohol hat ihn gegen jeglichen Schmerz immun gemacht.

„Himmelspförtner":
Was für eine plumpe Erklärung. Sie werden in Kürze selbst feststellen, dass Sie und die Anderen tot sind.

US-Soldat *Versucht noch einmal vergebens, den Feind zu erwürgen.*

Russischer Soldat:
Soll ich dir vielleicht helfen?

US-Soldat:
Halt doch die Klappe, sonst dauert es noch länger. Ich muss meine Kräfte bündeln.

US-Soldat *Lässt mit dem Würgen nach, bis er letztlich aufgibt und sich vom russischen Soldaten distanziert:*
Tot, sagten Sie?

„Himmelspförtner":
Ja. Er, der, und die da. *Zeigt jeweils auf die Verstorbenen.*

Russischer Soldat *Steht auf und entfernt sich vom US-Soldaten.*

US-Soldat:
Ich hätte dich ansonsten fertig gemacht! Du hast Glück gehabt.

Russischer Soldat:
Das glaubst auch nur du! Noch bevor du mich erwischt hättest, hätte ich dich kalt gemacht und wäre schon beim nächsten Amerykanskie.

US-Soldat:
Hach, dass ich nicht lache. Wenn ich irgendwie noch einmal die Chance hätte, dann würde ich dich zuerst kalt machen. Du hättest gar keine Möglichkeit gehabt, dich zu retten.

Russischer Soldat *Lacht.*:
Tja, aber anscheinend wirst du nie wieder die Chance haben.

US-Soldat:
Verdammter Kommunist!

Russischer Soldat:
Verdammter Kapitalist!

„Himmelspförtner" *Schreitet ein.*:
Meine Herren, was soll das bitte? Sie sind tot, dann verhalten Sie sich dementsprechend so. Was bringt diese unnütze Diskussion? Wir kommen nicht voran.

Russischer Soldat:
Verdammt noch einmal! Wieso muss ich selbst im Tod mit den Amerykanskies zu tun haben? Die findet man im Leben eh schon auf der ganzen Welt. Verbreiten sich wie die Pest. Nur einen Unterschied gibt es. Vor der Pest hat man sich gefürchtet, vor euch braucht man keine Angst zu haben.

US-Soldat:

Und ihr Russen! Was ist mit euch los? Die ganze Zeit die Birne mit Wodka voll haben und Urlaute von sich geben. Glaubt ihr wirklich, dass ihr jemals die Welt euer Eigen nennen könnt?

„Himmelspförtner" *Energisch.*:
Also jetzt reicht's! Wenn ich noch einmal von einem von Ihnen irgendeine rassistische Bemerkung oder irgendwas Ähnliches höre, dann gibt es Konsequenzen. Dann können Sie mir glauben, dass Ihr nächstes Leben kein Zuckerschlecken sein wird. Und jetzt halten Sie den Mund!

Die Soldaten *Geben schließlich doch Ruhe.*

„Himmelspförtner" *Derweil erwachen schon langsam die zwei Priester.*:
Reicht es nicht, dass solche rassistischen und hasserfüllten Bemerkungen die Münder auf der Erde verschmutzen? Da brauchen wir so etwas keinesfalls hier oben. Hah, unverständlich! *Grübelt.* Ach, gehen Sie beide bitte erst einmal weg.

Die Soldaten *Wollen in dieselbe Richtung fortgehen.*

„Himmelspförtner" *Räuspert sich.*:
Der eine dorthin. *Zeigt mit dem Finger auf die eine Seite der Bühne.* Der Andere dorthin. *Blickt auf die andere Seite.* Ich will nicht wieder dasselbe Theater haben.

Der katholische *und* der muslimische Priester *erwachen.*

Katholischer Priester *Erblickt den „Himmelspförtner" und läuft zu diesem frohlockend hin.*:
Petrus! Du bist es! Dem allmächtigen Gott sei für immer Dank.

„Himmelspförtner" *Derweil steht auch bereits der muslimische Priester auf den Beinen.*:
Ich muss Ihnen leider sagen, dass ich nicht Petrus bin.

Katholischer Priester:
Aber ich bin doch im Himmelsreich? Und das ist anscheinend die Himmelspforte. An diesen Ort kommt man doch als guter Christ? Das himmlische Reich erwartet mich doch? Ein Ort für die Gerechten. Die Sünder erwartet Luzifer.

„Himmelspförtner":

Nun ja, da muss ich Sie leider ein zweites Mal enttäuschen. Hierher kommt jeder. Egal ob Sünder oder Nicht-Sünder. Und das ist auch nicht DER Himmel, wie Sie ihn als katholischer Priester in Vorstellung haben.

Katholischer Priester:
Aber, wenn das stimmt, was habe ich dann mein ganzes Leben lang gemacht? Alles völlig sinnlos? Oder, Moment. Einen Gott muss es doch geben? Wo ist der Allmächtige? Ich bitte um eine Audienz.

„Himmelspförtner":
Da muss ich Sie leider noch einmal enttäuschen. Einen Gott gibt es auch nicht. Nicht einmal so etwas in der Art. Es mag für Sie vielleicht ein Schock sein, aber es ist so, wie ich es Ihnen sage.

Muslimischer Priester *Steht nun bereits beim Pförtner und neben dem katholischen Priester.*:
Anscheinend *Legt die Hand auf die Schulter des Katholiken.* haben Sie die falsche Religion gewählt oder Sie haben sich nicht gut genug darum bemüht, in das Paradies zu gelangen. Der junge Herr dort will Sie vermutlich nicht mit der Wahrheit kränken. Sie müssen ihm das verzeihen.

Katholischer Priester:
Wollen Sie damit sagen, dass der Islam die richtige Religion ist? Ha, die einzig wahre Religion ist das Christentum. Anscheinend ist dieser Herr da *Zeigt auf den „Himmelspförtner".* neu hier, im Himmel. Ich bezweifle, dass die Bibel eine Lüge ist.

Muslimischer Priester:
Nur der Koran reflektiert die Worte Gottes. Kein anderes Buch. Aus diesem Grund ist der Islam die wahrhaftige Glaubensrichtung. Sie müssen das einfach glauben.

Katholischer Priester:
Ich kann und werde dies aber nicht eingestehen. Wahrhaftig, tz? Dann sagen Sie mir einmal, wieso es so viele Selbstmordattentäter gibt, die ihre Taten auf den Koran berufen? Soll so eine wahrhaftige Religion aussehen?

Muslimischer Priester:
Im Koran steht nirgends, dass man unschuldige Menschen umbringen soll. Selbstmord darf man genauso wenig begehen. Der Selbstmord wird im Islam aufs

Schärfste verurteilt. Diese schwarzen Schafe, die den Terrorismus auf den Koran berufen, interpretieren den Koran völlig falsch. Oder sie benutzen den Koran einfach dafür, damit sie ihre Taten gerechtfertigen können.

Katholischer Priester:
Das mag wohl stimmen, aber wieso unternehmen Sie und Ihre Glaubensanhänger nichts dagegen? Aus Angst oder weil es Ihnen egal ist?

Muslimischer Priester:
Glauben Sie wirklich, dass es uns egal ist und wir keine Lösung dafür suchen? Dadurch wird der Islam ja auch beschmutzt. Aber Sie müssen auch gestehen, dass das Christentum ebenfalls nicht ohne Fehler ist. Vielleicht ist es heutzutage nicht so schlimm, wie in vorigen Zeitaltern. Sie dürfen jedoch nicht Ihre Kreuzzüge und Inquisitionen vergessen.

„Himmelspförtner":
Ach, kommen Sie. Das ist doch wohl ein schlechter Witz? Wieso suchen Sie jetzt den Dialog? Ist doch völlig fehl am Platz. Und außerdem habe ich keine Lust und wirklich gar keine Zeit, Ihnen bei der Diskussion zuzuhören. Sie hatten genug Zeit, aber nun ist es zu spät. Genau aus diesem Grund finden Sie hier oben keine Religionen. Es ist mir letzten Endes auch egal, ob Sie an einen Gott glauben oder nicht. Jedem das Seine. Aber hier oben gibt es keine Glaubensrichtungen, und zwar aus diesem Grund, da dann jeder das Leben auf diese und jene Stelle in einer bestimmten Bibel berufen würde. Wir wollen einfach neutral und gerecht entscheiden.

Katholischer Priester:
Ja, wollen Sie mir nun sagen, dass alles umsonst war? Mein langjähriger Glaube für die Katz? Alles, was ich für meinen Glauben getan habe, fließt in das Nichts? Ich bin geschockt.

„Himmelspförtner" *Derweil erwacht auch der Politiker, jedoch hält er sich noch distanziert zurück.*:
Nein, das wollte ich damit nicht sagen und dies habe ich aus dem folgenden Grund nicht gesagt. Die meisten Religionen bieten vernünftige Gebote an, die für ein verantwortungsbewusstes Leben wichtig sind. Sie müssen sich also keine Sorgen wegen der anschließenden Beurteilung machen. An einen Gott und seine Gebote zu glauben ist sicherlich kein Fehler. Aber es ist genauso wenig ein Fehler, ein Atheist zu sein und das Leben moralisch aufrichtig gelebt zu haben. Und nun bitte ich Sie,

dass Sie dort *Zeigt zu einer Bühnenseite.* kurz warten. Zurzeit ist so viel zu tun. *Macht zwei Häkchen in seinem Buch.*

Der Politiker *Nähert sich mit kleinen Schritten dem „Himmelspförtner".*

„Himmelspförtner" *Grinst.*:
Ach, ein Volksvertreter. Ihre Gattung ist mir am Liebsten.

Der Politiker:
Wieso denn, wenn ich fragen darf? Davor möchte ich gerne wissen, wo ich bin.

„Himmelspförtner":
Sie sind leider aus dem Leben geschieden.

Der Politiker:
Ach, wirklich? Ich habe mir den Tod viel schlimmer vorgestellt. Ich dachte, dass ich nur eingeschlafen bin. Und nun bin ich wirklich tot? Aber anscheinend nicht in der Hölle. *Grübelt.*

„Himmelspförtner":
Nun ja, der Tod soll ja in diesem Sinne keine Bestrafung sein. Er tritt zufällig ein. Na ja, bei Ihren Todesstrafen sieht es anders aus. Also wird der Tod bei Ihnen als Strafe angesehen. Paradox.

Der Politiker:
Todesstrafen sind in der heutigen Zeit ein notwendiges Übel.

„Himmelspförtner" *Vorgespielt.*:
Wenn Sie es sagen, dann muss es schon stimmen.

Der Politiker:
Irgendwie glaube ich Ihnen das nicht. Ich habe einen gewissen Unterton herausgehört. Glauben Sie etwa, dass ich ein Lügner bin?

„Himmelspförtner" *Vorgespielt.*:
Aber nein, natürlich nicht. Sie und Lügner? Nein, nie.

Der Politik:
Ich weiß nicht.

„Himmelspförtner" *Vorgespielt.*:
Doch, sicher. Ich bin völlig davon überzeugt, dass Sie kein Lügner sind. Vielleicht gibt es irgendwo Politiker, die lügen. Aber wenn solche existieren, dann habe ich diese noch nicht getroffen.

Der Politiker *Denkt nach und sieht sich den „Himmelspförtner" genau an. Danach greift er stolz nach seiner Krawatte.*:
Sie lügen wirklich nicht. Ich habe es in Ihren Augen gesehen. Wissen Sie, ich habe einen gewissen sechsten Sinn für so was. Ich kann sehen, wer die Wahrheit sagt und wer Lügen verbreitet. Deswegen war ich in der Politik ein gefürchteter Gegner. Man nannte mich auch den Lügendetektor.

„Himmelspförtner":
Konnten Sie mit dieser Fähigkeit nur Mitmenschen überführen oder funktionierte Ihr sechster Sinn auch anderweitig? Sagen wir, umgekehrt?

Der Politiker.
Wie meinen Sie das nun wieder?

„Himmelspförtner":
Ach, nichts. Ich habe nur etwas nicht fertig gedacht und irgendwie ist mir genau das über die Lippen gekommen. Ich hätte wohl lieber erst denken, dann reden sollen. Das passiert mir hin und wieder.

Der Politiker:
Ich verstehe Sie sehr gut. Ich kann Ihnen aber getrost sagen, dass Sie nicht der Einzige mit dieser Problematik sind.

„Himmelspförtner":
Oh ja, das kann ich Ihnen glauben. *Hustet künstlich.* Wie dem so sei. Ich würde gerne weiter reden, aber ich stehe unter enormen Zeitdruck. Das kennen Sie vermutlich auch. Wenn Sie bitte doch bitte hier *Zeigt mit dem Finger auf eine Bühnenseite.* warten würden.

Der Politiker *Verlässt in der angegebenen Richtung die Bühne.*

„Himmelspförtner" *Schreibt derweil wieder in seinem Buch weiter.*

Charlize Neil *Erwacht langsam und geht zum „Himmelspförtner".*:
Hallo, entschuldigen Sie bitte.

„Himmelspförtner":
Ja.

Charlize Neil:
Wo bin ich hier? Irgendwie weiß ich, dass ich hier fremd bin und eigentlich nicht hierher gehöre. Aber wo ich genau bin, weiß ich nicht.

„Himmelspförtner":
Sie gehören sicherlich nicht hierher. Vor allem nicht so eine junge Frau, wie Sie. Sie hätten normal das ganze Leben vor sich gehabt, aber anscheinend ist es nun leider so weit gekommen.

Charlize Neil:
Ich glaube, ich weiß, was los ist. Ich bin tot, nicht wahr? Ich kann mich noch erinnern, wie ich aus dem Fenster geschaut habe und in Gedenken woanders war. Dann, plötzlich. Ein grelles Aufleuchten am Horizont. Ich musste mir die Hand vor die Augen halten, so entsetzlich hell war es. Dann habe ich schon den tödlichen Atompilz in die Höhe wachsen gesehen und bemerkte, wie sich die Explosionswelle den Weg zu mir bahnte. Nichts konnte dieser Todeswelle standhalten. Und dann, kurz bevor sie mich erreichte, kamen meine zwei Kinder auf mich zu gestürmt. Sie hatten gar keine Ahnung, was los ist. Sie, sie fragten, wo Ihr Vater ist. Und dann –

„Himmelspförtner":
Tut mir wirklich Leid.

Charlize Neil:
Nein, Sie müssen sich nicht entschuldigen. Sie können sicherlich nichts dafür. Wie schnell das Leben zu Ende sein kann. Aber sagen Sie. Meine Kinder müssen auch irgendwo sein. Könnte ich Sie sehen? Bitte.

„Himmelspförtner":
Es tut mir wirklich schrecklich Leid, aber wir können das einfach nicht zulassen. Sie würden Ihre Kinder nie wieder verlassen wollen, wenn Sie sie erst einmal gesehen haben. Und Ihre Reinkarnation könnte deswegen vielleicht nicht planmäßig stattfinden.

Charlize Neil *Greift seine Hand.*:
Ich bitte Sie! Nur einen kurzen Moment lang. Mehr will ich nicht. Sie werden sicherlich Angst haben. Sie wissen ja nicht, wo sie hier sind. Nur ganz kurz.

„Himmelspförtner":
Ich würde das persönlich gerne erlauben, aber es geht leider nicht. Ich weiß nicht einmal, an welcher Pforte Ihre Kinder angekommen sind. Nachfragen kann ich auch nicht. Tut mir Leid. Ihre Kinder sind aber unter guter Obhut. Ihnen wird dies alles so gut wie möglich erklärt.

Charlize Neil:
Aber meine Kinder verstehen das alles hier nicht. Sie sind zu jung.

„Himmelspförtner":
Es ist verständlich, wie Sie sich verhalten, aber glauben Sie mir. Es ist alles in Ordnung.

Charlize Neil:
Wie soll denn alles in Ordnung sein? Sie hatten noch das ganze Leben vor sich! Diese verdammten Machtbesessenen. Nicht nur, dass sie mir meinen Mann durch Propaganda geraubt haben. Jetzt müssen sie ihre Macht an wehrlosen Kindern ausüben, die gar nicht wissen, was Kriege überhaupt sind.

„Himmelspförtner":
Es tut mir Leid.

Charlize Neil *Setzt sich völlig traurig und weinend auf die Wartebank. Die Hände hält sie vor das Gesicht.*

„Himmelspförtner" *Schluckt tief und schreibt danach in seinem Buch weiter.*

Soldat James Neil *Erscheint nach einer gewissen Zeit beim „Himmelspförtner".* Neil *Bemerkt zu allererst seine Frau nicht.*:
Himmelspförtner, Entschuldigen Sie, aber meine Reinkarnation soll nun stattfinden.

„Himmelspförtner":
Ja, genau. Sie sind aber früh dran. Normal lassen sich die Meisten mit der Reinkarnation sehr viel Zeit. *Verlässt das Podium und geht in Richtung der Wartebank. Neil folgt ihm.*

Soldat James Neil:
Kann ich nicht verstehen. Hier oben gibt es doch nichts, was einem gefallen könnte. *Bemerkt Charlize. Erkennt sie anfangs nicht, da sie ihr Gesicht noch immer mit den Händen verdeckt hält.*

Soldat James Neil *Bleibt stehen und sieht sich Charlize näher an.:*
Charlize? *Charlize verspürt die Präsenz ihres Mannes. „Himmelspförtner" bleibt daraufhin auch stehen.* Oh, mein Gott. Du bist es, Charlize.

Charlize *Steht auf. Sie spricht, ein bisschen verängstigt, den „Himmelspförtner" an.:*
Entschuldigen Sie bitte, aber irgendwas stimmt nicht. Ich fühle, dass jemand Bekanntes in der Nähe ist. Jemand, der mir sehr eng stand. Mein Mann. Aber er ist nicht hier. Er lebt ja.

„Himmelspförtner":
Ähm, wissen Sie –

Soldat James Neil:
Charlize, mein Liebes. Ich stehe doch neben dir. Himmelspförtner, was geht da vor sich? Wieso sieht mich meine Frau nicht?

„Himmelspförtner":
Nun ja –

Charlize:
Mit wem reden Sie bitte? Außer uns zwei ist doch niemand mehr hier. Was hat das alles zu bedeuten? Es ist so, als würde mein Mann gleich neben mir stehen.

Soldat James Neil:
Aber das mache ich doch.

„Himmelspförtner" *Geht zu James Neil und flüstert ihm etwas.:*
Lassen Sie mich kurz mit Ihrer Frau alleine. Ich werde Ihnen danach erklären, was hier los ist.

Soldat James Neil:
Aber –

„Himmelspförtner" *Wendet sich an Charlize.*:
Anscheinend ist die Präsenz Ihres Mannes darauf zu schließen, dass Sie in den letzten Tagen sehr oft an ihn gedacht haben. Das ist aber ganz normal. Sie müssen sich keine Gedanken machen.

Charlize:
Ja, das stimmt. Ich habe jegliche erdenkliche Minute an ihn gedacht und gebetet, dass er wieder heil nach Hause kommt. Er ist nämlich im Krieg. Wenn er erfahren wird, dass seine Kinder und ich tot sind. Oh mein Gott. Er wird sich das Leben nehmen. Erst seine Eltern und jetzt noch die Kinder und ich.

„Himmelspförtner":
Ich bin mir sicher, dass es nicht so weit kommen wird. Ihr Mann ist sicherlich stark.

Charlize:
Wie wollen Sie das wissen? Wenn es um die Familie geht, dann ist ihm jedes Mittel recht.

„Himmelspförtner":
Vertrauen Sie mir einfach. Es wird nicht so weit kommen. Er wird sich das Leben nicht nehmen. *Begleitet sie zu der Wartebank.* Setzen Sie sich, damit Sie sich beruhigen können. Ich komme gleich wieder.

Soldat James Neil:
Was für ein Spiel wird hier gespielt? Wieso kann ich nicht mit ihr reden? Wieso sieht sie mich nicht? Wieso sagen Sie ihr nicht, dass ich hier bin? Wieso?

„Himmelspförtner":
Beruhigen Sie sich bitte wieder. Normal treffen sich hier oben keine Verstorbenen, die im Leben eine enge Beziehung hatten oder sonst wie einmal Kontakt hatten. Irgendwie muss da etwas schief gelaufen sein.

Soldat James Neil:
Und was soll das bitte heißen? Ich kann ja nicht mal mit Charlize reden. Sie beachtet mich nicht. Sie sieht mich nicht.

„Himmelspförtner":
Für den Fall der Fälle, sprich, falls es doch irgendwie eintrifft, dass sich zwei

Verwandte oder auch Bekannte treffen würden, haben wir ein Sicherungssystem. Dieses System lässt nicht zu, dass sich die Beiden sehen können. Aber anscheinend klappt es nicht so richtig. Sonst würden Sie Ihre Frau gar nicht sehen können. Selbst Ihre Gattin spürt eine gewisse Präsenz.

Soldat James Neil:
Und was sollen Sie damit erreichen? Der Tod ist schon einsam genug. Nun wollen Sie nicht einmal erlauben, dass wir uns zwei sehen?

„Himmelspförtner":
Sie wissen es ja am besten, wie es mit den Gefühlen aussieht. Es ist einfach zu riskant, dass sich bekannte Leute sehen. Sie würden dann die Reinkarnation verweigern und für immer und ewig zusammen sein wollen. Ein Neubeginn heißt gleichzeitig auch Verlust.

Soldat James Neil:
Ja, Sie haben anscheinend Recht. Es würde noch viel schlimmer kommen, wenn mich Charlize sehen könnte. Aber können Sie mir bitte einen letzten Gefallen erweisen, bevor ich wiedergeboren werde?

„Himmelspförtner":
Wenn es möglich ist, natürlich.

Soldat James Neil:
Könnten Sie mich mit meiner Frau ein bisschen alleine lassen? Nicht lange.

„Himmelspförtner":
Nun ja, hm. Ja, okay. Wenn Sie sie schon sehen. Aber nicht lange, sonst kriege ich Ärger. Ich kann ja derweil dem Cheftechniker sagen, dass sein ach so tolles Sicherungssystem für die Katz ist.

Soldat James Neil:
Vielen Dank!

„Himmelspförtner" *Verlässt die Bühne.*

Soldat James Neil *Geht auf Charlize zu, setzt sich zu ihr und sieht sie erst einmal an.*

Charlize *Ist noch immer ein bisschen verängstigt, dass sie James Neil spüren, aber nicht sehen kann.*

Soldat James Neil:
Charlize, mein Engel. Es tut mir so Leid. Es tut mir alles so Leid. Ich habe dich und unsere zwei Kinder belogen. Ich bin in Wahrheit nur aus Trauer und aus blindem Zorn in die Armee eingetreten. Nach dem Tod meiner Eltern hat sich alles geändert. Euch habe ich im Stich gelassen. Meine Arroganz hat euch in den Hintergrund geworfen. Ihr wart eine lange Zeit alleine und so, wie ich dich kenne, hast du jede Nacht wach im Bett gelegen. Die ganze Zeit an mich gedacht und gehofft, dass ich gesund zu euch nach Hause komme. Irgendwann einmal. Ich habe Jims und Janis Geburtstage verpasst. Du hast so einen Mann wie mich nicht verdient. Du hättest jemanden nehmen sollen, der weiß, wie wichtig die Familie ist. *Streichelt Charlizes Harre.* In den Monaten, in denen ich dir zahlreiche Briefe geschrieben habe, habe ich für dich auch ein Gedicht verfasst. Normal wollte ich dir das Gedicht vorlesen, sobald ich wieder zu Hause bin. Aber das geht jetzt nicht mehr. Bevor dein Gedicht aber im nächsten Leben vergessen sein wird, will ich dir es vortragen:

> Charlize du bist mein Ein und Alles.
> Bist verankert in meinem Herzen.
> Du fängst mich im Leid des Falles.
> Bist mein Licht in tiefen Schmerzen.
>
> Deine zarten Lippen will ich berühren,
> Damit mir das Glück erscheint.
> Lass mich bitte dich entführen,
> In das Reich wo Liebe scheint.
>
> Ich habe das Glück getroffen,
> Als ich dich erstmals sah.
> Und ich konnte nie erhoffen,
> Dass du in mir Liebe wahrst.
>
> Du bist meines Herzens Liebe.
> Meine Augen sehen Kunst.
> Ich muss folgen Herzens Triebe,
> Sonst kenn' ich nicht deine Gunst.

Soldat James Neil *Küsst Charlize auf die Stirn und geht von der Bühne.*

Charlize *Nachdem James Neil die Bühne verlassen hat*:
James?

Licht aus.

Ende.